Alex Burkhard

... UND WAS KANN MAN DAMIT SPÄTER MAL MACHEN?

ALEX BURKHARD

... UND WAS KANN MAN DAMIT SPÄTER MAL MACHEN?

26 GESCHICHTEN VON A BIS Z
FÜR GEISTESWISSENSCHAFTLER UND ALLE ANDEREN,
DIE AUCH NICHTS ANSTÄNDIGES GELERNT HABEN.

SATYR VERLAG

ALEX BURKHARD

Jahrgang 1988, wird immer älter geschätzt. Aufgewachsen im Westallgäu, ging er, kreativ wie er schon immer war, zum Studieren nach München. Seit 2007 liest er bei den Münchner Lesebühnen »Westend ist Kiez« sowie »Stadt, Land, Fluss« und steht als Slam-Poet, Autor und Moderator auf diversen Bühnen im gesamten deutschsprachigen Raum. Dabei hat er oftmals sehr schöne Schuhe an.

3. Auflage Mai 2017

© Satyr Verlag Volker Surmann, Berlin 2013
www.satyr-verlag.de

Cover: Paul Bokowski
(unter Verwendung eines Fotos von fred34560 – Fotolia.com)
Autorenfoto Backcover: Marvin Ruppert
Druck: CPI Books Clausen & Bosse, Leck
Printed in Germany

Die Deutsche Nationalbibliothek verzeichnet diese Publikation in der Deutschen Nationalbibliografie; detaillierte bibliografische Daten sind im Internet abrufbar über: http://dnb.d-nb.de

Die Marke »Satyr Verlag« ist eingetragen auf den Verlagsgründer Peter Maassen.

ISBN: 978-3-944035-15-4

INHALT

... UND WAS KANN MAN DAMIT SPÄTER MAL MACHEN?

Setzen Sie sich!

Sitzen Sie?

Lehnen Sie sich ruhig zurück!

Sie sollen bequem und leger sitzen.

Rauchen können Sie.

Wichtig ist, dass Sie mich ganz genau hören.

Hören Sie mich genau?

Ich habe Ihnen etwas mitzuteilen, was Sie interessieren wird.

(Bertolt Brecht, *Gedichte für Städtebewohner*)

NTWORTEN (VER)SUCHEN

Hier fängt die Geschichte an.

(Walter Moers, *Die Stadt der träumenden Bücher*)

»Und was kann man damit später mal machen?«, fragt das Mädchen.

»Na ja«, sage ich. »So genau kann man das nicht sagen. Man hat halt einen Uni-Abschluss, und dann sieht man weiter.«

»Aha«, sagt das Mädchen und geht.

»Wie war das?«, frage ich meine Dozentin, die neben mir am Skandinavistik-Stand steht und mit der zusammen ich am Tag der offenen Tür der Uni für das Fach werben soll.

»Besser«, sagt sie. »Besser. Immerhin hast du dieses Mal den Uni-Abschluss erwähnt.«

»Ja«, sage ich. »Und ich habe es vermieden, die Worte ›beschissen‹ und ›Bachelorstudium‹ zu kombinieren.«

»Ja, du bist auf dem richtigen Weg.«

Warum ich hier stehe, weiß ich nicht so genau, vermutlich hat es etwas mit der Hiwi-Stelle zu tun, die ich seit Kurzem inne habe, und mit den Pfefferkuchen, die an unserem Stand ausliegen, um potenzielle Erstsemester anzulocken.

Warum ich schon kurz nach Studienbeginn eine Hiwi-Stelle habe, weiß ich auch nicht so genau. Vielleicht haben sie mein schon lichter werdendes Haar gesehen und dachten, ich sei bereits in meiner Abschlussphase. Oder es liegt daran, dass ich noch Magisterstudent bin und sie wissen, dass ich deshalb viel Zeit habe.

»Ich finde ja Wikinger voll interessant«, sagt ein Typ gerade zu meiner Dozentin. »Macht man bei euch auch so Wikingerzeug?«

»Ja«, antwortet sie, »es gibt eine Einführung in die Literatur und Kultur des skandinavischen Mittelalters, da kriegst du das volle Programm. Wikinger, Sagas, Eddadichtung mit Riesen und Trollen ...«

»Und was kann man damit später mal machen?«, fragt die Mutter des Typen.

»Man kann zum Beispiel an der Uni bleiben und forschen oder eine Funktion im Literaturbetrieb übernehmen. Auch Übersetzer, gerade von wissenschaftlichen Texten, werden immer wieder gebraucht. Es gibt aber auch viele, die in die journalistische Richtung gehen.«

Irgendwie klingt das besser als das, was ich dem Mädchen vorhin gesagt habe. Trotzdem zieht die Mutter den Typen weg. Es scheint, als sei sie nicht der Meinung, dass sich sechs Semester beschissenes Bachelorstudium lohnen, wenn man danach auch noch selber schauen muss, welchen Beruf man wählen will.

»Mach dir nichts draus«, sage ich zu meiner Dozentin und reiche ihr einen Pfefferkuchen, »wir sind auf dem richtigen Weg.«

»Findest du? Warum flüchten dann immer alle zum Nachbarstand, wenn wir ihnen sagen, dass sie mit unserem Studiengang nicht Arzt oder Vorstandsvorsitzender von BMW werden können?«

Am Nachbarstand verteilen die BWL-... na ja, sagen wir mal *Menschen* essbares Geld. »Wir bringen Sie auf den richtigen Weg!«, steht auf dem Spruchband, das über ihrem Stand prangt. Dahinter ein Sternchen wie bei einer Werbung für den ultimativ günstigen Handyvertrag. Ein zweites, ungleich kleiner gedrucktes Sternchen an der Seite verkündet kaum noch lesbar: »Heute fressen Sie das Geld, später wird das Geld Sie fressen.«

»Ich finde ja Wikinger voll interessant«, sagt der Typ von vorhin dort gerade zu einem der Anzüge. »Macht man bei euch auch so Wikingerzeug?«

»Nein«, sagt der, »aber wenn wir mit dir fertig sind, kannst du dir dein eigenes Langschiff kaufen.«

»Das klingt doch toll, Typ«, sagt die Mutter des Typen.

»Bei uns lernst du, wie du Runensteine lesen kannst«, raune ich dem Typen zu und ernte einen mitleidigen Blick vom Nachbarstand. Aber noch gebe ich nicht auf: »Und wir feiern immer Midsommar im Englischen Garten, mit skandinavischen Liedern und Gerichten. Und im Winter das Luciafest ... mit skandinavischen Liedern und Gerichten.«

»Wenn wir mit dir fertig sind«, sagt einer der Anzüge, »kannst du dir skandinavische Gerichte kaufen. Ach was, du kannst dir Skandinavien kaufen.«

»Das klingt doch toll, Typ«, sagt die Mutter des Typen.

»Entschuldigung«, sage ich plötzlich, denn mein Handy klingelt.

»Hallo, hier sind Felix, Volker, Sacha und Fabian. Uns ist zu Ohren gekommen, dass du schreibst und in dem Allgäuer Kaff, in dem du aufgewachsen bist, mal ein paar Texte vorgetragen hast, die gar nicht so scheiße waren. Willst du bei unserer Lesebühne mitmachen? Is' echt voll geil!«

»Entschuldigung, *wer* ist da?«, frage ich.

»Felix, Volker, Sacha und Fabian. Aber Fabian brauchst du dir nicht merken, der steigt eh bald aus.«

»Warum das denn?«

»Er wird in 'nem guten Jahr Vater.«

Ich überlege kurz, doch auch danach macht es noch keinen Sinn.

»Und was ist eine Lesebühne?«, frage ich.

»Wir vier – und hoffentlich auch du bald – lesen einmal im Monat vor Publikum neue Texte vor, die wir selber geschrieben haben, meistens jeder zwei. Von den Texten her ein bisschen wie Poetry Slam, nur mit Stammbesetzung und ohne Wettbewerb. Is' echt voll geil!«, sagen Felix, Volker, Sacha und Fabian. »Sind immer ziemlich viele Zuschauer und gute Stimmung und spätestens nach 'nem Jahr kann man auch alte Texte lesen, das merkt dann keiner mehr.«

»Das klingt doch toll, Alex«, sagt die Mutter des Typen, deshalb sage ich zu.

Ich weiß zwar nicht, wer Felix, Volker, Sacha und Fabian sind, aber sie klangen nett. Und viele Freunde habe ich noch nicht gefunden, seit ich zum Studieren hierhergezogen bin. Sebastian vielleicht, meinen Mitbewohner, aber der ist fast nie zu Hause.

»Es gibt aber auch viele, die in die journalistische Richtung gehen«, sagt meine Dozentin unterdessen zu einem anderen Anzug. Es erinnert mich ein bisschen an *Age of Empires*, als man seine Gegner, anstatt sie anzugreifen, mithilfe von Mönchen ganz einfach bekehren konnte.

»Und wusstet ihr«, springe ich ihr deshalb sofort fun-factend zur Seite und zitiere die *Skandinavische Literaturgeschichte*, »dass sich Ende des 19. Jahrhunderts viele skandinavische Künstlerkreise in Deutschland gebildet haben? Berlin war die Kultur- und Kunstmetropole, ›während Münchens Attraktivität eher in billigen Wohnungen, gutem Bier und Arbeitsruhe bestand.‹[1]«

»Entschuldigen Sie, haben Sie gerade ›billige Wohnungen‹ gesagt?«, fragen ungefähr dreihundert Mütter von Typen auf einmal.

»Ja klar, nehmen Sie einfach die U133 ins Jahr 1880«, sage ich und nehme mir noch einen Pfefferkuchen.

---

1 Heitmann, Annegret. 2006. Die Moderne im Durchbruch (1870–1910). In: *Skandinavische Literaturgeschichte*. Jürg Glauser, Hg. S. 183–229, hier: 201. Stuttgart und Weimar: Verlag J. B. Metzler.

»Alex, die sind nicht für dich«, sagt meine Dozentin.

»Wenn wir mit dir fertig sind«, sagt einer der Anzüge, »kannst du dir die U133 kaufen.«

»Das klingt doch toll, Typ«, sagt die Mutter des Typen.

Warum ich immer noch hier stehe, weiß ich nicht so genau. Vermutlich tut mir meine engagierte Dozentin leid und ich möchte sie nicht alleine lassen. Vielleicht halte ich mich aber auch lieber von Leuten umgeben in der Uni auf und esse Pfefferkuchen, als nach Hause zu gehen und zu merken, dass ich in der neuen Stadt noch fast niemanden kenne. Außer einen Mitbewohner, der fast nie zu Hause ist.

»Und was kann man damit später mal machen?«, frage ich meine Dozentin vorsichtig, als wir später wieder ungestört an unserem Stand stehen.

»Alex, ich habe seit ein paar Jahren meinen Abschluss, und statt sinnvoll zu forschen oder irgendwo Geld zu verdienen, stehe ich hier an einem Infostand für Skandinavistik rum«, sagt sie. »Sieht das aus, als hätte ich eine Antwort gefunden?«

Ich schätze, es wird also wohl noch eine ganze Weile dauern, bis *ich* jemandem diese Frage beantworten kann. Aber ich bin Magisterstudent, ich habe also noch ein paar Semester dafür Zeit. Ich nehme mir einen weiteren Pfefferkuchen und laufe am BWL-Stand vorbei zur U-Bahn. Und ein bisschen fühlt es sich so an, als wäre ich trotz allem auf dem richtigen Weg.

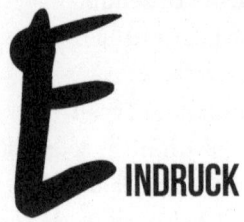

EINDRUCK

Mir liegt wirklich nichts ferner, als Erwartungen zu erfüllen.
(Luc Spada, *Abführung der lebenswichtigen Mittelmäßigkeit*)

Sebastian ist wieder einmal nicht zu Hause, deshalb sitze ich alleine vor meinem Laptop und schaue *Breaking Bad*. Irgendjemand hat mir diese Serie empfohlen, ach, was sage ich »irgendjemand«: meine Schwester, die immerhin in der ProSieben-Onlineredaktion arbeitet und trotzdem ein herzensguter Mensch ist, meine Schwester hat sie mir empfohlen, mehrfach und eindringlich. Und wenn meine Schwester sagt »Ja, ich weiß, ich schau eigentlich auch nicht viele Serien [sic], aber *Breaking Bad*, Alex, *Breaking Bad* ist so anders, es ist so toll, du musst es einfach schauen, es ist mit nichts vergleichbar, vor allem die Cliffhanger!«, dann glaube ich ihr das.

Also schaue ich eine Folge *Breaking Bad,* und dann schaue ich noch eine Folge und noch eine, und irgendwann möchte ich schlafen gehen, und dann schaue ich noch eine Folge. ›Verdammt‹, denke ich mir, ›was soll denn der Scheiß? Diese Serie kann nichts!‹ Aber wie meine Schwester, die wirklich sehr cool ist und seit Monaten in einem Text erwähnt werden will, es behauptet hat, hat sie, also die Serie, geniale Cliffhanger.

Der Begriff »Cliffhanger« steht für eine Situation oder eine Serie selbst, in der eine »Episode gerade im spannendsten Moment abbricht.«[2] Ich finde es sehr unfair, dass das offenbar alles ist, was man können muss, um interessant zu wirken und Leute zu fesseln. Aus Trotz beschließe ich, morgen die Probe aufs Exempel zu machen und der Welt ein paar Cliffhanger zu verpassen.

Diese müssen natürlich einhergehen mit einem ansonsten eher durchschnittlichen Drehbuch. Ich gehe also in Stoffhosen, Longsleeve und Dreitagebart zum Bäcker und stelle mich in die Schlange. Doch je näher ich der Theke komme, desto nervöser werde ich. Ich beginne, mich paranoid umzusehen und geistesabwesend meine Bestellung vor mich hin zu murmeln. Die ersten Leute drehen sich zu mir um, doch ich werde nur immer unruhiger. Als ich dran bin, bekomme ich kaum den Mund auf, so sehr zittere ich. Viele der Kunden zücken ihr Handy, um im Notfall Hilfe zu holen. Immerhin. Die junge, attraktive Verkäuferin, von der sich jeder fragt, warum sie in einer Bäckerei arbeitet – aber hey, vielleicht wartet sie nur darauf, dass sie jemand Bestimmtes, ein lässiger Mann mit Stoffhosen, Longsleeve und Dreitagebart zum Beispiel, dort herausholt –, fragt mich, was ich will. Stumm formen meine Lippen einen Satz.

»Ich habe Sie nicht verstanden«, sagt sie, und ich flüstere meinen Satz nun etwas lauter, doch immer noch zu leise. Meine Beine werden schwammig.

»Mein Gott, was haben Sie denn?«, fragen mehrere Leute auf einmal. Ich winke die Verkäuferin, die auf natürliche, unverfängliche Art und Weise wirklich sehr hübsch ist, nasenspitzennah an mich heran und flüstere schwach, aber laut genug, damit es jeder hören kann: »Ich sag Ihnen, was ich will.«

Ich schlucke.

Dann verlasse ich den Laden.

Es scheint wirklich zu funktionieren! Ich war der Mittelpunkt

2 Wilpert, Gero von. 2001. *Sachwörterbuch der Literatur*. Stuttgart: Alfred Kröner Verlag. S. 138.

des Interesses, ohne wirklich etwas zu sagen zu haben. Sofort will ich mehr Menschen begeistern. Als mich ein Tierschützermädchen an der U-Bahn-Station fragt, ob ich irgendwo unterschreiben würde, fange ich voller Elan an, das Formular auszufüllen, doch je weiter ich nach unten vordringe, desto langsamer werde ich.

»Mein Gott, was mache ich da nur?«, flüstere ich matt.

»Unterschreiben Sie hier«, sagt das Mädchen.

»Ich kann nicht«, flüstere ich.

»Warum denn nicht?«, fragt es.

»Der Kugelschreiber, den Sie mir da gegeben haben ...«, flüstere ich, *trembling*, wie der Engländer sagen würde, ein wunderbares Wort, *trembling with fear*.

»Was ist denn mit dem?«, fragt das Mädchen mit ängstlicher Stimme, doch da bin ich schon verschwunden.

Denn ich bin in der Stadt mit einer oberflächlich gut aussehenden Frau zum Essen verabredet. Dabei ist es völlig egal, was sie sagen wird, denn mein Drehbuch steht schon vorher Wort für Wort fest.

»Was machst du denn so?«, fragt sie.

»Ich kann es dir nicht sagen«, flüstere ich verzweifelt.

»Okay«, sagt sie irritiert. »Wollen wir mal bestellen?«

»Das würde mir das Herz brechen«, flüstere ich, vermeintlich kühl, doch voll unterdrückter Leidenschaft.

»Was ist denn mit dir los?«, fragt die Frau.

»Du würdest es nicht verstehen«, flüstere ich leise. Meine Augen füllen sich mit Tränen.

»Was würde ich nicht verstehen?«, fragt die Frau aufgeregt.

»Ich könnte nie wieder in den Spiegel schauen«, flüstere ich tonlos.

»Ist alles okay bei dir? Was willst du mir sagen?« Langsam wird sie unruhig. Aber sie geht nicht, sie hängt an meinen Lippen.

»Na gut, ich sage es dir«, flüstere ich. Ihre Augen weiten sich.

Ich merke, wie sie ihre Finger knetet.

»Wir müssen noch zwei Minuten überbrücken, damit die Gesamtlänge der Folge passt«, flüstere ich, gegen die Tränen kämpfend.

»Welche Folge?«, fragt sie aufbrausend. »Jetzt sag endlich, was los ist!«

»Okay«, flüstere ich und nehme ihre nun zitternde Hand. »Vertraust du mir?« Sie nickt nur noch stumm.

»Es ist —«, setze ich an, dann gehe ich aufs Klo.

Als ich wiederkomme, sind alle Gäste um unseren Tisch versammelt. Mit einer Eindringlichkeit, von der aus es nicht mehr weit zur physischen Gewalt sein kann, werde ich genötigt, zu sagen, was mir fehle.

»Ich studiere Skandinavistik«, flüstere ich hoffnungslos, und die Menge applaudiert frenetisch.

Trotzdem beschließe ich, vorsichtshalber nach Hause zu gehen. Als ich am Tierschutzstand vorbeikomme, laufe ich zu dem Mädchen, das völlig verkrampft den Kugelschreiber in seiner Hand hält und apathisch vor sich hin starrt, schaue ihm tief in die Augen und flüstere bedeutungsschwanger: »Der ist leer.«

Anschließend gehe ich zum Bäcker. Sämtliche Kunden von heute Morgen sind wieder, oder immer noch, wer weiß das schon genau, im Laden. Ich gehe an ihnen vorbei und winke die Verkäuferin nasenspitzennah zu mir hin. Meine Beine werden schwammig, ich schlucke und flüstere schwach: »Ein Walnussbrot.«

Alle um mich herum atmen erleichtert auf.

»Gott, wir dachten, Sie würden mit ihr Schluss machen«, sagen manche, oder: »Mann, sind wir froh, dass Sie keinen Krebs haben.«

Irgendjemand fragt mich, ob ich morgen wieder hier sei, und ich sage, dass das durchaus passieren könne, er solle vorsichtshalber alles stehen und liegen lassen und hier auf mich warten.

Alle holen ihr Smartphone aus der Tasche und schreiben, wie krass sie das mitgenommen habe und dass sie es trotzdem auf keinen Fall hätten verpassen wollen. Manche versuchen, mir aufgrund meiner überragenden dramaturgischen Fähigkeiten unzählige Trophäen, Transparente und Meisterschalen aus Pappe zu überreichen. Nur die Verkäuferin schaut mich etwas verstört an.

»Ein Walnussbrot wollen Sie?«, flüstert sie langsam.

»Ja«, flüstere ich.

»Tja, da habe ich eine gute und eine schlechte Nachricht für Sie. Die gute ist, dass Walnussbrot sehr gesund ist.« Sie stockt. Ihre Augen scheinen feucht zu werden.

»Die schlechte Nachricht ist –«, flüstert sie, dann verlässt sie den Laden.

BEWERBUNGSGESPRÄCHE FÜHREN

Wir plauderten miteinander, wie es seit alters her zwei junge Menschen tun, die sich zugeneigt sind.

(Sven Kemmler, *Und was wirst du, wenn ich groß bin?*)

»Hallo«, sage ich.

»Hallo«, sagt die Frau, die ich seit fünfundzwanzig Minuten vom Nebentisch angestarrt habe.

»Hallo«, sage ich wieder.

»Hallo«, sagt die Frau, die seit fünfundzwanzig Minuten, vielleicht auch länger, ich weiß nicht, seit wann sie schon hier sitzt, ich bin ja erst vor fünfundzwanzig Minuten gekommen, in eine andere Richtung geschaut hat.

»Hallo«, sage ich wieder. Ich hätte wirklich dieses Rhetorikseminar besuchen sollen, für das ich eine Werbung in der U-Bahn gesehen habe.

»Hallo«, sagt die Frau und sieht aus, als wäre ihr gerade bewusst geworden, dass es nicht schlecht war, fünfundzwanzig Minuten in eine andere Richtung als die meine geschaut zu haben.

»Ich habe Referenzen«, sage ich und ziehe den Wisch aus der Tasche, den mir mein ehemaliger Vermieter gegeben hat.

»Er hat seine Miete immer pünktlich bezahlt?«, liest die Frau fragend.

»Ja«, sage ich. »Das zeugt doch von Zuverlässigkeit.«

»Ja«, sagt sie. »Das stimmt, das ist wichtig.«

»Ich habe ihm als Dank ein Messingschild geschenkt, auf dem steht: ›*In diesem Haus wohnte der völlig zu Unrecht unbekannte Schriftsteller Alex Burkhard von 2008–2009.*‹«

Die Frau schaut mich fragend an.

»Und hier«, fahre ich fort und ziehe ein weiteres Blatt Papier aus meiner Mappe.

»Das Bad war immer sauber«, liest sie.

»Ja«, sage ich. »Das ist auch wichtig.«

»Ja«, sagt die Frau, »das stimmt. Das Bad sollte sauber sein.«

»Was machst du denn so in deiner Freizeit?«

»Sollte nicht ich diejenige sein, die die Fragen stellt?«

»Das stimmt«, sage ich.

»Was machst du denn so in deiner Freizeit?«, fragt sie.

»Poetry Slam«, sage ich.

»Was ist das?«, fragt die Frau.

»So ’ne Art Dichterwettstreit. Also Leute lesen in einem bestimmten Zeitlimit ihre selbst geschriebenen Texte vor, und das Publikum entscheidet, wer gewinnt.«

»Klingt langweilig.«

»Ja«, sage ich. »Tut mir leid.«

»Und was machst du beruflich?«, fragt die Frau.

»Ich bin noch Student«, sage ich.

»Und was studierst du?«

»Skandinavistik«, sage ich.

»Okay«, sagt die Frau. »Und was kann man damit später mal machen?«

»Man kann zum Beispiel an der Uni bleiben und forschen oder eine Funktion im Literaturbetrieb übernehmen. Auch Übersetzer, gerade von wissenschaftlichen Texten, werden immer wieder gebraucht. Es gibt aber auch viele, die in die journalistische Richtung gehen«, sage ich. »Und du so?«

»Pädagogik.«

»So kann man sich irren«, sage ich.

»Wie meinst du das?«, fragt sie.

»Schon gut«, sage ich, stehe auf und gehe vor die Tür.

»Eigentlich wollte ich heute nichts trinken«, sagt die junge Frau und stützt sich mit einer Hand an ihrer Freundin ab, während die andere die sehr lange Schnur eines Marienkäferluftballons sehr fest hält, fast als hätte sie Angst, er könne es den guten Vorsätzen ihrer Besitzerin gleichtun und unauffällig in die dunkle Nacht verschwinden.

Ich mache Sebastian darauf aufmerksam, dass dies der perfekte erste Satz für eine Erzählung wäre. Er stimmt mir nur bedingt zu, aber er kann nichts dafür, er ist Physiker. Und da er außerdem fast nie zu Hause ist, habe ich beschlossen, ihm einfach dorthin zu folgen, wo er ist, wenn er fast nie zu Hause ist. Gelandet bin ich in einer Absteige im Westend, in der erstaunlich viele hübsche Frauen absteigen. Auch wenn die Frau mit dem Marienkäferluftballon die Kneipe ignoriert und hinter der nächsten Straßenecke verschwindet.

»Was bist du denn heute eigentlich so pissig drauf?«, fragt Sebastian.

»Ach«, sage ich, »ich hatte heute Nacht ein *déjà-rêvé*. Nicht mal im Schlaf ist man noch sicher. Ich glaube, es geht zu Ende mit mir. Und außerdem hat die nicht enden wollende Wohnungssuche in dieser Stadt mein ohnehin schon abstruses Flirtverhalten nachhaltig beeinflusst.«

»Was soll das denn heißen?«

»Na ja, jedes Mal, wenn ich mit einer Frau rede, verwandelt sich die Unterhaltung nach kurzer Zeit in eine Art Vorstellungsgespräch. Gerade habe ich einer das Messingschild gezeigt.«

»Nicht das Messingschild«, stöhnt Sebastian. »Das findet außer dir niemand lustig.«

»Challenge accepted«, sage ich und gehe wieder rein.

Ich setze mich an den Tresen und bestelle noch etwas zu trinken.

»Heute im Seminar habe ich eine echt hübsche Frau gesehen«, sage ich. »Orangerote Haare, Sommersprossen, Grübchen. Und ich habe mich wie immer einfach nicht getraut, sie anzusprechen. Außerdem weiß ich ja nicht, ob sie einen Freund hat und ob sie es mag, wenn man sie einfach so anspricht, und wenn ja, was sie hören will, einen blöden Macho-Spruch, ein Kompliment, die Wettervorhersage für Samstag, keine Ahnung. Ich könnte ihr natürlich auch einen Brief schreiben, aber dann hält sie mich bestimmt für total altmodisch und so, vielleicht aber auch nicht, ich weiß ja nicht, was sie mag, im Grunde weiß ich nichts über sie, außer dass sie mich fasziniert, aber das reicht wohl nicht, theoretisch könnte sie in einer Sekte sein und mehrmals am Tag zu Odin beten oder in Arkansas per Haftbefehl gesucht werden oder jeden Tag zwölfmal am Odeonsplatz umsteigen, einfach weil ihr Rennen Spaß macht und sie den Anblick von Rücklichtern im U-Bahn-Schacht mag, was weiß ich schon, ich weiß nichts, und das ist total schade, was soll ich nur tun?«

»Entschuldigung, kenne ich Sie?«, fragt der Barmann.

»Wohl kaum, sie ist ja in meinem Seminar an der Uni.«

»Ich meinte Sie«, sagt er und nickt in meine Richtung.

»Ach so«, sage ich. »Nein, ich glaube nicht. Ich bin ja auch in diesem Seminar an der Uni.«

Der Barmann seufzt und stellt mir ein Spezi hin. Da kommt Sebastian wieder in die Kneipe.

»Gehört der zu dir?«, fragt ihn der Barmann.

»Ja. Hat er was angestellt?«

»Nein, er hört nur einfach nicht auf zu reden.«

»Das ist normal, wenn er mehr als zwei Spezi hatte. Das Koffein tut ihm nicht gut.«

»Hallo, ich sitze direkt neben euch!«, sage ich.

»Trotzdem tut dir Koffein nicht gut«, sagt Sebastian.

»Da hast du recht«, sage ich. »Mir ist übrigens gerade was

ziemlich Cooles aufgefallen: Wenn man jemanden mit Brille überfallen will, muss man warten, bis er sich im Winter schnäuzen muss. Dann beschlägt die Brille, und er ist wehrlos.«

»Und was ist daran cool?«, fragt Sebastian.

»Nur weil du keine solchen Entdeckungen machst«, sage ich und setze mich etwas aufrechter an die Bar, um die Frau am anderen Ende der Theke auf mich aufmerksam zu machen. Ich trinke sehr langsam einen Schluck aus meiner Flasche, halte sie betont locker zwischen zwei Fingern, tue so, als würde ich mit Sebastian reden, und lächle verklärt in eine unbestimmte Richtung.

Die Frau steht auf und geht in Richtung der Toiletten.

»Gut gemacht«, sagt Sebastian.

»Du scheinst ja wirklich unheimlich verliebt in deine Kommilitonin zu sein«, sagt der Barmann.

»Ich traue mich doch eh nicht, auch nur eine von den beiden anzusprechen. Und wenn, dann würde ich sie wahrscheinlich fragen, ob Internet schon mit drin ist.«

»Bitte was?«, fragt der Barmann.

»Never mind«, sagt Sebastian.

»Dabei war die echt ziemlich hübsch«, sage ich.

»Nun ja«, sagt Sebastian. »›Auf den Geist muss man schauen. Denn was nützt ein schöner Körper, wenn in ihm nicht eine schöne Seele wohnt?‹ Euripides.«

»Du bist Physiker!«, sage ich empört. »Ich sollte derjenige mit den philosophischen Zitaten sein.«

»›Freude an der Arbeit lässt das Werk trefflich geraten‹«, sagt der Barmann und stellt Sebastian den bestellten Mai Tai hin. »Aristoteles.«

»Hallo«, sagt, als ich die Bar etwas später verlassen will, eine andere Frau vom Tisch neben der Tür.

»Hallo«, sage ich.

»Hallo«, sagt sie wieder.

»Hallo«, sage ich.

»Hallo«, sagt sie. Sie hätte wirklich dieses Rhetorikseminar besuchen sollen, für das ich diese Werbung in der U-Bahn gesehen habe.

»Ich beobachte dich seit siebenunddreißig Minuten«, sagt die andere Frau und lächelt. »Ich habe Referenzen.« Und sie zieht einen Wisch aus ihrer Tasche.

»Sie hat immer den Müll runtergebracht?«, lese ich.

»Ja«, sagt die andere Frau, »das zeugt doch von Verantwortungsbewusstsein.«

»Ja«, sage ich. »Das stimmt, das ist wichtig.«

»Hast du auch etwas für mich?«, fragt die andere Frau.

»Hier«, sage ich.

»*In diesem Haus wohnte der völlig zu Unrecht unbekannte Schriftsteller Alex Burkhard von 2008–2009?*«, lacht die andere Frau. Challenge completed.

»Oh, das war das Falsche«, sage ich scheinheilig. »Hier.«

»Er küsst gut«, liest die andere Frau.

»Na ja«, sage ich.

»Warte, hast du das ... das sieht aus, als hättest du das selber geschrieben.«

»Nein«, sage ich, »wie kommst du denn darauf?«

»Da, das ›a‹ bei deinem Namen sieht genauso aus wie hier.«

»Nein, das kann eigentlich nicht sein«, sage ich.

»Das ist jetzt natürlich ein ungültiges Dokument«, sagt die andere Frau. »Das müsste man bei Gelegenheit einmal verifizieren.«

»Ja«, sage ich, »das stimmt, das müsste man.«

Die andere Frau lächelt.

»Wie viele haben sich dich denn schon angeschaut?«, frage ich.

»Hm, du bist erst der Fünfte oder so.«

»Ah«, sage ich. »Okay. Und war da schon jemand dabei, der dich interessieren würde?«

»Na ja, ein, zwei Leute waren schon ganz cool. Aber die wollten sich alle noch nicht entscheiden.«

»Also ich würde dich sofort nehmen«, sage ich.

Die andere Frau lächelt.

»Irgendwelche Macken, die ich kennen müsste?«, fragt sie.

»Manchmal habe ich das Verlangen, wildfremden Menschen Kästner vorzulesen.«

»Ich melde mich dann bei dir«, sagt die andere Frau und lächelt.

»Bis wann weißt du es denn?«, frage ich.

»Na ja, in den nächsten paar Tagen, denke ich.«

»Okay.«

»Hast du denn noch andere Besichtigungen?«, fragt sie.

»Nein«, sage ich. »Ich glaube, ich will zu dir.«

Eigentlich wollte ich heute Abend nicht weggehen, denke ich auf dem Heimweg und streife mit einer Hand an den rauen Häuserwänden entlang, während die andere den kleinen Zettel mit einer sehr zierlich geschriebenen Telefonnummer sehr fest hält, fast als hätte sie Angst, er könne es den unnötigen Vorsätzen ihres Besitzers gleichtun und unauffällig in die dunkle Nacht verschwinden.

IN DIE JOURNALISTISCHE RICHTUNG GEHEN

Man hält sie, wenn sie schweigen, für Gelehrte.
Nur ist das Schweigen gar nicht ihre Art.

(Erich Kästner, *Lärm im Spiegel*)

Volker hat uns eingeladen, zu einem »gemütlichen Abend des Zusammensitzens«, wie es hieß, und um sich im mit mir neu besetzten Lesebühnenteam etwas besser kennenzulernen. Diese Formulierung hatte jedoch wohl nur die Funktion, Sacha nicht argwöhnisch zu machen, denn nun sitzen wir in Volkers Wohnzimmer und schauen Fußball.

Hätte Sacha gewusst, worauf er sich einlässt, er hätte wohl dreimal kurz gelacht und süffisant den Kopf geschüttelt, oder eine Mail verfasst, in die er irgendetwas von wegen Stress und Arbeit und Kind geschrieben und sich entschuldigt hätte, so wie es Fabian getan hat, doch nun sitzt er, also Sacha, mit uns anderen bei Volker, schaut Bayern gegen Lyon und spielt.

Denn ja, wir spielen auch. Wir haben vor dem Anpfiff Zettelchen mit den Spielernamen drauf gezogen und jedes Mal, wenn der Kommentator den Namen des eigenen Spielers sagt, muss derjenige einen Schluck aus einem Krug nehmen, in den wir alle Alkoholika gekippt haben, die Volker zu Hause hatte.

Volker, die arme Sau, hat Robben gezogen. Wir bemitleiden ihn. Felix hat Schweinsteiger, ich habe Butt, und Sacha hat alle anderen. Doch das macht nichts, weil der Kommentator ihre Namen fast nie verwendet. Denn der Kommentator ist schlecht, wie fast alle Kommentatoren schlecht sind. Aufgrund seiner Sympathie für Robben hat er bald den Spitznamen »Volkers Tod«. Bereits nach fünf Minuten hat Volker leicht glasige Augen und murmelt ständig was von »die Sau« und »Adresse rausfinden«.

»Wollen wir den Ton ausmachen und selber kommentieren, so wie wir das früher bei *Fifa 98* gemacht haben?«, versucht er sich zu retten.

»Nein«, sagt Felix kalt.

»Was ist *Fifa 98*?«, fragt Sacha.

»Ribéry auf Robben«, sagt der Kommentator.

Volker schüttelt den Kopf. Sacha reicht ihm den Krug. So viel hat er verstanden.

»Beide Mannschaften sind noch in der Abtastphase«, sagt der Kommentator.

»Wen tasten die denn ab?«, fragt Sacha.

»Sich. Gegenseitig. Und dann haben sie Sex«, sagt Felix.

»Und dann spielen sie sich fest«, sage ich.

»Und dann kommt der offene Schlagabtausch«, sagt Volker.

»Also wie immer«, sagt Sacha.

»Alles geht über rechts, über Lahm und Robben«, sagt der Kommentator.

»Arschloch«, sagt Volker. Sacha reicht ihm den Krug.

Bayern macht das 1:0.

Das Spiel ist damit im Grunde entschieden, die einzige Frage ist, wer von uns zuerst aufgibt.

»Und schöner Flankenwechsel von Müller«, sagt der Kommentator.

Sacha trinkt.

»Robben, jetzt mal auf links«, sagt der Kommentator.

Volker trinkt.

»Immer noch Robben«, sagt der Kommentator.

Volker trinkt.

»Setzt zum Dribbling an. Robbbbeeen«, sagt der Kommentator.

Volker trinkt. Stolz hat er, das muss man ihm lassen.

Irgendwann ist Halbzeit, und wir fragen uns, warum wir hier in Volkers Wohnzimmer sitzen und das Spiel eines Vereins anschauen, den zwei von uns hassen.

»Na ja, aber international muss man ja für Deutschland sein und das auch angucken«, sagt Felix.

Volker und ich holen in verschiedenen, aufeinander abgestimmten Tonlagen zu einem Protestschwall aus von wegen Drecksbayern und überhaupt, als der Schiedsrichter das Spiel wieder anpfeift.

»Wir wollen ja nicht unken«, unkt der Kommentator, »aber wenn Lyon hier noch drei Tore schießt, brauchen sie danach nur noch zwei, damit Bayern ausgeschieden ist.«

»So ein deutscher Kommentator versteht es ja wirklich, Spaß am Fußball zu vermitteln«, sagt Sacha. »Warum kommentieren da nicht so Leute wie wir?«

»Glaubt ihr, dass Deutschland deshalb so lange nicht mehr Weltmeister war, weil die Tischkicker in diesem Land auf dem taktischen Stand von 1954 sind?«, frage ich.

»Robben«, sagt der Kommentator.

»Einfallsloser Penner«, sagt Volker.

»Der Trainer merkt, dass seine Mannschaft jetzt unsicherer wird«, sagt der Kommentator.

»Ein guter Trainer«, sagt Felix.

»Ja«, sage ich, »und ein guter Kommentator. Er merkt, dass der Trainer merkt, dass seine Mannschaft unsicherer wird.«

Wir werden auch unsicherer, vor allem auf den Beinen, und liegen in Volkers Wohnzimmer verteilt auf dem Boden. Vom Spiel kriegen wir nicht mehr viel mit, hören nur noch die Kommentare des Kommentators, die uns vorschreiben, wer den nächsten Schluck nehmen muss.

»Deshalb kommt jetzt gleich Tymoshchuk«, sagt der Kommentator.

»Klingt wie ein Name, den einem das T9 vorschlägt, wenn man etwas eintippt, was es nicht kennt«, sagt Sacha, während er – ich erkenne es nur vage aus den Augenwinkeln – nach der Fernbedienung greift.

»Für ihn wird Schweinsteiger ausgewechselt«, sagt der Kommentator.

»Jawoll«, sagt Felix und nimmt einen großen Schluck im Glauben, dass es sein letzter sei.

»Schweinsteiger hat ein sehr gutes Spiel gemacht, und jetzt wird Schweinsteiger ausgewechselt«, sagt der Kommentator.

Volker grinst böse.

»Hier sehen wir, wie Schweinsteiger vom Platz läuft, und jetzt setzt sich Schweinsteiger auf die Ersatzbank«, sagt der Kommentator, dessen Stimme erstaunliche Ähnlichkeit mit Sachas aufweist, was aufgrund des Gesöffgehalts unserer Körper außer mir aber niemand mehr mitbekommt. Felix starrt ungläubig auf den Fernseher, Volker bricht in Tränen aus, dieses Mal allerdings vor Lachen.

»Und jetzt Butt beim Abschlag«, sagt der Kommentator mit Sachas Stimme. Er hat sich die Namen erstaunlich gut gemerkt.

Ich sage nichts, vermutlich hätte mir eh keiner geglaubt. Ich nehme also einen Schluck und sage dann: »Lahm. Van Buyten. Badstuber. Wieder van Buyten. Van Bommel. Wieder raus auf Lahm.«

Sacha sagt, dass er nicht mehr mitspielt. Ich gebe ihm den Krug, und er trinkt.

»Schauen Sie, meine Damen und Herren«, sagt der Kommentator, »in dieser Einstellung wird es deutlich: Robben kratzt sich am Oberschenkel.«

Volker lässt einen Schrei los. Er scheint erkannt zu haben, wer hinter dem letzten Kommentar steckte, und stürzt sich auf Sacha.

Ich mache den Ton wieder an.

»Das war's. Robben hat Lyon hier fast im Alleingang besiegt«, sagt der Kommentator auf Sat1.

Volker reißt mir mit wilden Augen die Fernbedienung aus der Hand und schaltet um.

»Hier sehen wir eine Gruppe Robben bei der gemeinsamen Jungenaufzucht«, sagt der Kommentator im NDR.

Volker trinkt. Denn Stolz hat er.

MENSCHEN BEOBACHTEN

Und in der späten Nacht wandere ich heim.

(Knut Hamsun, *Pan*)

Es ist halb zwölf, und ich sitze an der Bushaltestelle Laimer Platz. »14 Minuten« stand dort anfangs in leuchtend roten Buchstaben auf der Anzeige, auf der zu lesen ist, dass ein Bus dann in Richtung Aidenbachstraße fährt. Und ein zweiter fährt unwesentlich später, aber eben doch nach meinem Bus, in die Wastl-Witt-Straße.

Wie jedes Mal, wenn ich an der Bushaltestelle Laimer Platz sitze, nachts um halb zwölf oder auch zu anderen Zeiten, freue ich mich darüber, dass es einst zwei humorvolle Menschen gegeben hat, die ihren Sohn »Wastl« getauft haben, wohlwissend, dass der Sohn ein bayerischer Volksschauspieler der ersten Hälfte des 20. Jahrhunderts werden würde, so berühmt, dass eine Straße seinen Namen tragen und ein junger Mann an der Bushaltestelle Laimer Platz sitzen und ihnen für diese Tat danken würde, da ihm das Warten durch diesen schönen Namen und die damit verbundene Freude erheblich verkürzt werden würde.

Mittlerweile hat die erste rote Ziffer aufgegeben, die verbleibende Zeit bis zur Ankunft des Busses vermag sich nur mehr einstellig zu artikulieren, und ich frage mich, wie ich mir wohl die restlichen Minuten vertreiben soll, als mir ein markerschütterndes »Super!« die Entscheidung abnimmt.

Ich wende meinen Kopf nach rechts. Ich könnte ihn natürlich auch nach links wenden, aber von rechts kam nun mal dieser ruhelose, verzweifelt grausame Schrei.

»Super!«, tönt es erneut über den fast leeren Teil der Forstenrieder Straße, an deren nur erahnbarem Ende die Hausnummern gefühlt in den fünfstelligen Bereich klettern. »Bin stolz. Geil!«

Nun gibt es keinen Zweifel mehr: Der Urheber dieser spätabendlichen Laute ist ein Mann, der heute Abend ein klein wenig zu viel getrunken hat. Zumindest wünsche ich ihm, dass er heute Abend ein klein wenig zu viel getrunken hat.

»Super!«, schallt es nun erneut tief aus seinem Brustkorb, der von einem bunt verzierten blauen Hawaiihemd verhüllt wird, das bis zum Brusthaaransatz geöffnet ist. Der Kopf, der auf erwähntem Brustkorb sitzt, kundschaftet nun aus, wer sich außer ihm an diesem schönen Montagabend noch an der Bushaltestelle Laimer Platz befindet.

Ich fingere mein Handy aus der Tasche und tue so, als würde ich eine SMS schreiben. Der dem erwähnten Kopf auf dem erwähnten Brustkorb zugehörige Rest setzt sich daraufhin auf den von mir am weitesten entfernten Sitz in der langen Reihe, die den Wartenden Platz bietet.

»Das is' – – weil und – verstehst? Super oder? – – Super! Da freut man sich.«

Mir tut die Frau leid, die vorher auf dem Sitz Platz genommen hatte, der am zweitweitesten von mir entfernt ist.

Mein Handy schreibt: »Wir tut die arme Frau leid, die neben ihm sitzt.« Das ist bei mir oft so. Wenn ich ein »m« tippen will, oder auch ein »n« oder ein »o« – ich weiß nicht, was ich öfter tippen will, wenn ich auf die Taste meines Handys drücke, auf der mir die »6« entgegenprangt – dann rutscht mein Finger, meist der Daumen, eine Taste nach unten und drückt das »w«. Oder das »x«, das »y«, oder das »z«. Ich weiß nicht, welchen Buchstaben ich öfter tippen will. Wobei es hier vermutlich das »w« ist, denn das braucht man wirklich öfter als das »x«, das »y« oder das »z«. Doch eigentlich will ich es ja gar nicht tippen, also zumindest jetzt nicht, aber automatisch gleitet der Daumen, dieses gefühllose Mitglied meiner ansonsten bisher einwandfrei arbeitenden Hand, nach unten und drückt das »w«. Das Hinter-hältige ist ja, dass er danach weitertippt, als sei nichts gewesen. Also nicht etwa, dass er konsequent wäre und statt eines »a« (oder »b« oder »c«, aber hier bin ich mir ziemlich sicher, dass ich das »a« am Häufigsten tippen will) ein »j«, ein »k«, oder ein »l« tippt. Nein, da beugt er sich. Da sorgt er dafür, dass die Taste mit der »2« einen Impuls auf die darunter liegende Kontaktstelle abgibt und ein schwarzes »a«, meistens klein, auf dem weißen Grund meines Displays erscheint.

Dem Mann, der heute Abend hoffentlich zu viel getrunken hat, scheinen diese Ausführungen gefallen zu haben, denn er klatscht in die Hände, wobei er wiederholt »Bin stolz!« und »Su-per!« haucht. Und wenn ich hier »hauchen« verwende, dann nur aus dem Grund, dass mir kein Wort mehr für »stößt laut hervor« einfällt.

Doch plötzlich, ich frage mich gerade, ob ich mein akutes Tippproblem tatsächlich laut erläutert habe, schlägt die Stim-mung des korpulent wirkenden Benebelten um, und mit einem lauten »Wo bleibt denn der scheiß Bus?« startet er eine Schimpf-tirade, wie sie die Bushaltestelle Laimer Platz noch nicht erlebt hat. Ich mache, was man macht, wenn man neu in der Stadt und noch etwas verschreckt von ihren Bushaltestellen ist: Ich schaue angestrengt nach vorne und tue so, als würde ich nichts hören.

Tatsächlich mache ich aber eine Entdeckung, die die Situation grundlegend ändert: Es fällt ein Name. Und wie das so ist, wenn nichtmenschliche Lebewesen einen Namen bekommen, sehen die aufrecht gehenden Erdenbewohner die Kreatur plötzlich aus einem ganz anderen Blickwinkel.

So auch ich. Wie man einen Hund, der einen Namen hat, nehmen wir als Beispiel einfach einmal Wastl, im Gegensatz zu seinen namenlosen Artgenossen nicht an der Autobahn aussetzen würde, so fange nun auch ich an, eine Verbindung zu dem nächtlichen Ruhestörer aufzubauen. War er vor einigen Augenblicken noch ein rüder Trunkenbold, der Mitmenschen, beziehungsweise, zu diesem Zeitpunkt darf man auf das »mit« ja noch verzichten, belästigte und es nicht wert war, mit friedlichen Lebewesen eine Bushaltestelle zu teilen, so möchte ich ihn jetzt in den Arm nehmen und mich damit beschäftigen, ob und, wenn ja, warum er heute Abend mehr getrunken hat als sonst.

Udo ist der Name des Mannes. Udo. 8-3-6, wobei mein Daumen vermutlich ausrutschen und mit Hilfe des T9 »tex« schreiben würde. Doch der Name, den er nun nennt, ist nicht Tex, sondern Udo, wobei der Mann offenbar selbst unsicher scheint, ob das sein Handy ist, in das er diesen Namen gerade spricht. Da ich aber nicht immer »der Typ, der vielleicht Udo heißt, zumindest aber Udos Mobiltelefon durch die kühle Münchner Abendluft trägt« sagen will, beschließe ich, den Mann von jetzt an Udo zu nennen und bestimme die Frau, die am zweitweitesten von mir entfernt sitzt, zu seiner Taufpatin.

Udo macht nun noch einmal deutlich, dass er es nun gerne sehen würde, wenn der Bus demnächst käme, wobei er es etwas anders formuliert, und stellt dabei fest, dass seine Uhr fehlt. »Gibt's doch gar nicht«, ist alles, was er dazu zu sagen imstande ist, dieses Mal tatsächlich beinahe gehaucht. Während ich mir überlege, ob ich mit einem »Gibt's ja wohl!« antworten soll, steht die Frau, die während der ganzen Zeit still neben Udo verharrt hat, auf, und ich werde ihres Freundes gewahr, der stark genug aussieht, um sie im Zweifelsfall sogar vor Daniel van Buyten zu verteidigen.

Ich seufze ein erleichtertes »Halleluja«, und auch Udo betet, allerdings auf seine Art. »Diese Drecksschweine – – Gibt's doch nicht. (›Gibt's ja wohl!‹) Unglaublich –«, stammelt er und fährt sich immer wieder über die kahle Stelle seines Arms, an der an normalen Tagen möglicherweise eine Uhr sitzt, doch heute ist kein gewöhnlicher Tag, heute ist der 4. Mai. Und das ist immerhin der Tag, an dem 1493 Papst Alexander VI. in der Bulle Inter caetera die Demarkationslinie zwischen spanischen und portugiesischen Gebieten bei der europäischen Expansion in der Neuen Welt festlegte. Angesichts solcher Ereignisse ist Udos Problem geradezu verschwindend gering, denn was ist schon eine Armbanduhr angesichts der Unendlichkeit der Zeit ...?

Glücklicherweise stoppt der nahende Bus meine nachtschwärmenden Gedanken und bietet mir eine komfortablere Sitzmöglichkeit, als es die Haltestelle Laimer Platz, die sich in Kürze wieder himmlischer Ruhen ausgesetzt sehen wird, mit ihren Metallhockern vermochte. Und auch Udo möchte die Transportmöglichkeit wahrnehmen und taumelt in Richtung Türe. Als der Trunkene nun den erhöhten Absatz erblickt, scheint er innerlich zu beschließen, ihn einfach zu ignorieren, auf dass er verschwinden möge, was zur Folge hat, dass er sich die Schienbeine stößt und in den Mittelgang des Busses purzelt.

»Haben Sie verletzt?«, fragt der Busfahrer, der angesichts des am Boden Liegenden in den hinteren Teil des Fahrzeugs läuft, mit einem leichten fremdsprachigen Akzent. »Soll ich Ihnen Notarzt holen?«

»Nee, geht schon«, antwortet Udo mit schmerzverzerrtem Gesicht.

»Soll ich Ihnen Notarzt holen?«, fragt der Chauffeur der Massen erneut, möglicherweise hat er Udos Antwort nicht verstanden. Ich bin etwas beeindruckt von seiner Aufmerksamkeit. Wenn ich Busfahrer wäre, ich wäre vermutlich die ganze Zeit damit abgelenkt, mir lustige Grußgesten für meine vorüberfahrenden Kollegen auszudenken.

»Nee, geht schon«, wiederholt Udo nun und landet beim Versuch, sich aufzurichten, wiederum auf dem von den Schuhen des Tages verschmutzten Boden.

Dieses Mal scheint sein Gegenüber die Worte jedoch verstanden zu haben und macht sich wieder auf den Weg, dem laufenden Motor seine Existenzberechtigung zu geben.

»Brauchen Sie doch einen Arzt?«, fragt eine schon etwas ältere Dame von zurechtgemachten »Mitte Dreißig«, als Udo nun den Mittelgang entlangkriecht, in der Hoffnung, irgendetwas zu finden, woran er sich hochziehen kann.

»Selber schuld«, sagt er äußerst einsichtig. Und dann klärt Udo uns endlich auf, ob er heute Abend ein bisschen zu viel getrunken hat: »Bisschen zu viel getrunken ... Geht schon. Tut nur weh. – Geht schon!«

Die jung gebliebenen Damen kümmern sich liebevoll um die Oberfläche des Gefallenen und scheinen darin eine Art Erfüllung ihres eigenen Abends zu sehen.

»Geht schon«, bekräftigt Udo erneut. »Blöd gefallen.«

›Kann man wohl sagen‹, denke ich. ›Richtig blöd.‹

»Aber richtig blöd gefallen«, bestätigt er mich, wofür ich ihm insofern danke, als ich ihn nicht so saublöd angaffe wie alle anderen, sondern mir per Mauerschau berichten lasse, was als Nächstes passiert.[3] Doch viel wird mir nicht zugetragen, denn nach nur einer Station verlässt uns Udo schon wieder, zumindest deuten die aufgeregten Ratschläge der Damen bezüglich seines Heimwegs darauf hin.

»Geht schon«, zeigt sich Udo wortgewandt und macht sich auf, den beschwerlichen Weg nach Hause anzutreten.

Eine ungeheure Spannung entsteht im Bus. Jeder fragt sich, ob er denselben per Krankenwagen verlassen muss oder es schafft, das Verkehrsmittel unbeschadet zu verlassen.

---

3   Vgl. Wilpert, Gero von. 2001. *Sachwörterbuch der Literatur*. Stuttgart: Alfred Kröner Verlag. S. 814.

»Wenn er beim Aussteigen verletzt, habe ich Problem. Ist Gesetz!«, macht unser Fahrer darauf aufmerksam, dass er mindestens genauso wichtig ist wie derjenige, der nun mit enormem Schwung den Bus verlässt.

Doch Udo enttäuscht uns nicht. Er hält sich auf seinen wackeligen Beinen, stakst etwas umher, um dann unter einem »Schau, jetzt geht er rückwärts!« von seinen neuen Freundinnen den Weg in Richtung seines Bettes, das hoffentlich auf ihn wartet, einzuschlagen.

»Morgen hast du Kater«, murmelt der Busfahrer in eine unbestimmte Richtung.

Aus den Augenwinkeln sehe ich Udo seiner wohltuenden nächtlichen Ruhestätte entgegentorkeln und beschließe innerlich, niemals einen Hund mit Namen an der Autobahn auszusetzen.

REISEN

Das könnte man vielleicht auch hauptberuflich machen.

(Volker Keidel, *Bierquälerei*)

Wenn ich bei meiner Freundin die Straße entlanggehe, komme ich immer an einem Wüstenauto vorbei. Es steht rechts in einer Parklücke am Straßenrand wie all die anderen Autos, fast als wolle es nicht auffallen. Aber natürlich fällt es mir auf – es ist ein Wüstenauto! Es ist gelb, allerdings nicht leuchtend gelb, sondern eher mattgelb, fast als wolle es nicht auffallen. Aber natürlich fällt es mir auf, denn auf dem wüstengelben Lack kleben viele bunte Aufkleber, Relikte längst vergangener Reisen ins Ungewisse. Doch heute steht es hier, wie jedes Mal, wenn ich bei meiner Freundin die Straße entlanggehe, und ein unterarmdickes, schwarzes Kabel speist den stillen Giganten aus einem vermutlich hoffnungslos überforderten Stromkasten des Nachbarhauses.

Zum ersten Mal sehe ich den Besitzer. Er sitzt mit seinem Co-Piloten im Raum hinter dem Fahrersitz. Ich habe keine Ahnung, wer wer ist, aber ich gehe davon aus, dass einer von beiden der Besitzer ist. Und da auf der Windschutzscheibe *zwei* Namen mit Deutschlandfahne unterlegt stehen, kann der Zweite – wer von den beiden auch immer der Zweite sein mag – ja nur der Co-Pilot sein. K. Russ und L. Benzenhöfer sitzen also mit je einer Flasche Bier im Raum hinter dem Fahrersitz und starren auf einen Bildschirm. Kurz erhasche ich einen Blick ins Innere des Gefährts, bevor ich vorbeigelaufen bin. Da stehen zwei Rechner, Warndreiecke und Wolldecken füllen den Bodenraum, Kanister, Landkarten und Karabiner bedecken die freien Sitze. Für einen Moment trifft mein Blick die der Männer, und sie scheinen mir sagen zu wollen: »Oh ja, das ist ein Wüstenauto, schau nur hin!«

»Toll, so was wollt ich immer mal haben/besitzen/nutzen«, antwortet mein Blick.

»Oh ja«, blicken die anderen. »Aber das ist unseres!«

»Oh ja«, blicke ich kleinlaut und laufe weiter.

»Ich will ein Wüstenauto«, sage ich zu meiner Freundin, als ich in ihre Wohnung komme.

»Was du willst, ist die Freiheit, die du damit verbindest«, sagt meine Freundin.

»Ja«, sage ich. »Genau. Ich will die Möglichkeit haben hinzufahren, wo ich will, mit all dem Zeug, das ich brauche, an Bord.«

»Du brauchst also nichts als Decken und Karabiner?«, fragt meine Freundin. Ich hatte vergessen, dass sie manchmal auch bei sich die Straße entlanggeht.

»Und wenn's so wäre?«, frage ich.

»Alex, pass auf. Ein Wüstenauto kostet Geld. Um Geld zu haben, muss man arbeiten, und um zu arbeiten, darf man nicht so faul sein wie du.«

»Und um nicht so faul zu sein wie ich, muss man die Aussicht auf was Schönes haben«, sage ich.

»Wie wär's mit 'nem Wüstenauto?«, fragt meine Freundin.

»Ach«, sage ich, »das ist doch nur ein Symbol für die Freiheit, die ich will.«

Ich habe mich oft gefragt, wie das so schnell gehen konnte mit uns.

Am nächsten Tag wird mein Auto beladen. Ich sage »mein Auto«, weil ich mich sehr mit ihm verbunden fühle. Es symbolisiert nämlich die Freiheit, die ich gerne hätte. Einer der Männer von gestern belädt zusammen mit einer Frau – von der ich annehme, dass sie seine Frau ist, weil wessen Frau sollte sie sonst sein? Die von seinem Freund? Das wäre ziemlich asi, mit der Frau des besten Freundes ein Auto zu beladen, so etwas tut man nicht – die beiden beladen jedenfalls das Auto mit einer Pritsche, die sie hinter dem Cockpit in den riesigen Stauraum stopfen. Dann bin ich wieder vorbeigelaufen und befasse mich auf dem Rest meines Weges damit, wie ich mein Wüstenauto nennen würde. Am Ende beschließe ich, dass »Wüstenauto« schon ziemlich cool ist und eigentlich so was von für sich steht, dass es keinen weiteren Namen braucht.

»Wie geht's dem Auto?«, fragt meine Freundin.

»Die laden Sachen ein«, sage ich. »Komisch eigentlich, bisher stand das ja immer nur rum.«

Und als ich am nächsten Tag bei strömendem Regen die Straße entlanglaufe, fehlt etwas.

»Es ist weg!«, sage ich.

»Oh nein«, sagt meine Freundin.

»Wo ist das denn? Das steht doch immer da«, sage ich.

»Ja, das wird halt weg sein«, sagt sie.

»Das ist bestimmt in Afrika und fährt durch die endlose Wüste, umgeben von nichts als Sand, und die sengende Sonne der Sahara brennt auf sein Dach hinunter, heiß und unbarmherzig, alles Leben vernichtend und gnädig nur in der Nacht, da sie untergegangen. Dann sitzen die Menschen auf der Ladefläche, essen zu Abend etwas Dosenfutter und freuen sich, wenn sie Sterne sehen können, bevor sie in den hinteren Teil des Autos gehen und schlafen. Ach, wie gerne wäre ich einer von denen, wie gerne würde ich jetzt durch die Wüste fahren, Dünen hoch und runter, Kamele überholen, der Natur trotzen«, schwelge ich.

»Vielleicht trotzen sie der Natur auch in irgendeinem Matschloch in Rheinland-Pfalz«, sagt meine Freundin.

Die ganze Woche bleibt das Auto verschwunden. Trostlos sind die Tage, an denen ich den Weg entlanglaufe und kein großes, gelbes Fahrzeug mit Keine-Macht-den-Drogen-Aufkleber am Straßenrand steht, keine Sahara-Rallye-Sticker, keine K.-Russ- und L.-Benzenhöfer-Bepper.

»Fällt dir kein anderes Wort für Aufkleber mehr ein?«, fragt meine Freundin.

»Autocollant!«, sage ich trocken und träume mich wieder weit weg, mir wünschend, ich wäre für einen Tag K. Russ oder L. Benzenhöfer, derjenige halt, dem das Auto gehört, denn das Einzige, was mich an diesem Dasein interessieren würde, wäre die Tatsache, dass ich plötzlich ein Wüstenauto besäße, fertig einzusteigen und hupend die Maximilianstraße hinunterzufahren.

Unzählige schlaflos verbrachte Nächte später biege ich um die gewohnte Ecke, als ich im fernen Dunst des diesigen Nebels etwas stehen sehe. Etwas großes Gelbes. Etwas unglaublich Schönes und Beeinduckendes. Ein neuer Aufkleber, und ich schäme mich nicht, diesen Ausdruck zu verwenden, klebt an der Beifahrerseite des Gefährts. »Dresden–Breslau« steht darauf. Darunter die Nummer 73 und an einer der hinteren Türen »Rettung«. Rettung ist gut, denke ich. Rettet mir wieder mal meinen Tag, ihr beiden.

»K. Russ ist wieder da«, sage ich, als ich zur Türe hereinkomme.

»Wer ist wieder da?«, fragt meine Freundin.

»K. Russ«, sage ich. »Der mit dem Wüstenauto.«

»Das hat dich echt beschäftigt, oder?«, fragt sie amüsiert.

›Natürlich‹, denke ich. ›Ich will sie sein, ich will ihr Auto haben, ich will zumindest einmal mitfahren.‹

»Durch rheinischen Matsch?«, fragt meine Freundin.

»Hör auf, meine Gedanken zu lesen«, sage ich. »Und außerdem waren sie in Polen, verdammt. Nicht in Rheinland-Pfalz.«

»Und auch nicht in der Sahara«, sagt sie.

Einige Tage später versuche ich aufgewühlt, meine Gedanken auf Papier zu bringen. Ich habe Tränen in den Augen und fühle mich ganz schwer ums Herz. Meine Freundin und ich werden nämlich bald zusammenziehen, und ich weiß nicht, ob ich mein Wüstenauto noch mal wiedersehen werde. Ich habe mir eine Kerze angezündet und seichte Musik aufgelegt. Am Ende weiß ich nicht weiter. Was wird mit dem Wüstenauto passieren? Was wird aus meinem Noch-Mitbewohner Sebastian, aus K. Russ und L. Benzenhöfer? Wird die Welt bald untergehen?

»Mir fällt kein Ende ein«, sage ich.

»Und wenn es nicht gefahren ist, dann steht es da noch heute«, sagt meine Freundin.

GESCHICHTEN ERZÄHLEN

manchmal hat man Glück
und findet jemanden
der einen korrigiert
wenn man falsch liegt
nachts
im Schlaf
damit einem der Arm nicht abstirbt

(Dalibor Marković, *Bühnenstücke 1*)

Ich habe mich oft gefragt, wie das so schnell gehen konnte mit uns. Antwort habe ich keine gefunden.

Ich weiß noch, wie ich mich vor ein paar Wochen, als sie mich eines Abends besucht hat, irgendwann gefragt habe, ob es bei neuen Freundschaften normal ist, dass sie sich während des Filmschauens an mich schmiegt und den Arm auf meine Brust legt. Antwort habe ich keine gefunden. Die Folge war jedenfalls unser erster Kuss, während dem auf dem Laptopbildschirm der Filmheld einen tragischen Tod auf einer Theatertoilette starb, und während dem ich ein Weinglas – es war das erste Mal, dass ich Wein getrunken habe, normalerweise stand da nie ein Weinglas – umgeworfen und meine Matratze ruiniert habe. Was mir in diesem Moment beides ziemlich egal war. Anschließend hat sie etwas von »verifiziert« gesagt und einen Zettel unterschrieben.

»Woran denkst du?«, fragt meine Freundin, und ich finde es einfach nur wunderbar, »meine Freundin« schreiben zu können. Wir liegen im Bett, aneinandergekuschelt, und hängen unseren Gedanken nach.

»Ich hatte heute eine tolle Idee für eine Textreihe«, sage ich.

»Ach ja? Erzähl mal.«

»Heißt ›Lyrik der Fremden‹«, sage ich.

»Klingt gut«, sagt sie. »Und weiter?«

»Weiß ich noch nicht.«

Ein paar Minuten höre ich nur unseren Atem. Wenn es draußen auch noch regnen würde, käme wahrscheinlich irgendwann ein »Cut!«-Ruf, und die kitschige Hollywood-Schnulze wäre abgedreht.

»Ich habe mal mit meinen Schwestern und meinem Vater gespielt«, fange ich schließlich wieder an, »im Keller unseres Mietshauses. Das war ein langer Gang mit Betonboden, an den Seiten gingen die Holzverschläge ab und die Eisentüren, hinter denen der Fahrradkeller und der Raum mit der Tischtennisplatte waren. Wir waren noch sehr klein und sind den Gang hin und her gelaufen. Ich glaube, wir haben Ritter oder Abenteurer oder so etwas gespielt. Und auf einmal bin ich auf meinen Vater zugelaufen, mit ausgestreckter Hand, als hätte ich ein Schwert, und hab ganz laut geschrien: ›Übergib dich!‹«

Ich spüre ihr Lachen, als wäre es mein eigenes. Ihr Rücken bebt an meiner Brust, und ihre Haare verfangen sich in meinem Gesicht.

»Ich glaube, ich wollte ›Ergib dich!‹ sagen«, sage ich. »Meinem Vater kommen heute noch die Tränen, wenn er die Geschichte erzählt.«

»Ich habe immer Treffen mit meinem Kater ausgemacht«, sagt sie. »Corleone hieß der. Der hat wahrscheinlich sehr viel mehr von meinem Leben mitgekriegt als viele andere. Und früher dachte ich, dass ich mit ihm reden kann. Da hab ich mich morgens im Dunkeln auf dem Weg zur Bushaltestelle immer mit ihm verabredet für nach der Schule, in der Scheune, oben im Gebälk. Und weil er jedes Mal da war, war ich mir ganz sicher, dass er mich versteht.«

Ich mag diese Abende, an denen es draußen stückweise dunkler wird und wir zusammen daliegen, in unserer neuen, mit alten Möbeln und riesigem Holztisch in der blau bemalten Küche eingerichteten Wohnung, uns Geschichten erzählen und ich meine Freundin spüren, den süßlichen Geruch ihrer Haare einatmen kann, diesen Rosenshampoogeruch.

Cut.

»Und einmal sind meine Schwester und ich abgehauen, weil unsere Mama mit uns geschimpft hat«, sagt sie nach einigen Sekunden oder Minuten. »Wir haben uns ganz viele Brote geschmiert und Handtücher eingepackt und sind zu einem Hochsitz, der am Waldrand stand und sogar einen Ofen drin hatte. Wir dachten, der Förster hat bestimmt nichts dagegen, dass wir hochgehen und da drin wohnen, wenn wir ihm sagen, dass wir nicht mehr nach Hause zurückkönnen.«

»Du warst ja wirklich eine kleine Madita.«

»Was meinst du, woher Astrid Lindgren ihre Ideen hatte?«, sagt sie und lacht.

»Ich habe mit meinen Schwestern immer Cabrio gespielt«, antworte ich. »Wir haben uns zu viert in das Doppelbett unserer Eltern gelegt, Kathi und ich ganz außen, weil wir die ältesten waren. Und dann haben wir alle Decken und Kissen gemütlich hergerichtet und eine Decke über unsere Köpfe getan, als Verdeck. Und dann sind wir immer rumgefahren und haben ›Lalala‹ gesagt, und irgendwann rief dann plötzlich einer von uns: ›Die Polizei!‹ Dann mussten wir das Verdeck, also die Decke, ganz schnell zumachen, also runterziehen, und uns zusammenkuscheln.«

»Und wenn die Polizei euch doch erwischt hat, hat sie ›Übergebt euch!‹ gerufen?«

Cut.

»Ich mag deinen Geruch so gern«, sagt sie nach einigen Minuten oder Stunden. »Du riechst nach daheim.«

»Wie daheim?«

»Einfach nach zu Hause. Das ist der schönste Geruch, den es gibt.«

»Ich fühle mich auch nirgendwo so zu Hause wie neben dir.«

Eine Weile schweigen wir.

»Als wir noch in dem kleinen Dorf gewohnt haben«, sagt meine Freundin schließlich mit leiser Stimme, »hatten wir Kinder unsere Schlafzimmer unter dem Dach. Meine Schwester und ich hatten unsere Betten auf so einer Art Galerie und mein Bruder seins weiter unten in 'nem ganz normalen Zimmer. Und von der Galerie aus konnte man praktisch auf die Trennwände laufen, weil das Dach sehr hoch war und die Wände nicht bis ganz oben gezogen wurden, sondern eben nur ungefähr zwei Meter hoch, so dass wir da bequem von Zimmer zu Zimmer rennen konnten. Nachts sind wir immer dort oben rumgeschlichen und haben dann ein paar Zimmer weiter meinen Bruder gehört, der sich selbst vor dem Einschlafen noch mal seinen ganzen Tag erzählt hat. Er hat immer ganz leise geflüstert, aber doch laut genug, dass meine Schwester und ich alles gehört haben.«

Ihre letzten Worte kommen so leise, dass ich nicht weiß, ob meine Freundin sie schon während des Einschlafens gesagt hat. Eine Weile bin ich still, dann dreht sie sich mit dem Gesicht zu mir und küsst mich.

»Erzähl noch eine Geschichte.« Es ist nur noch ein Wispern.

»Früher waren wir in den Ferien oft in Italien. Typisch deutsch, mit großem Zelt auf einem Campingplatz in Ligurien oder Livorno oder so. Einmal waren wir am Strand, aber meine Mutter fand es nicht gut dort, zu voll mit uns kleinen Kindern. Aber sie war auch nicht sicher, ob es woanders besser wäre. Also sagten meine Eltern: ›Bleib du erst mal mit dem ganzen Zeug hier, wir suchen so lange einen besseren Platz. Und wenn wir ihn haben, kommt Papa zurück und holt dich und die Sachen.‹ Dann sind sie den Strand entlang, und ich habe immer weniger gesehen und saß da wie bestellt und nicht abgeholt zwischen Bastmatten und Kühltruhe, Schwimmflügeln und Sonnenhüten. Und irgendwann war ich mir nicht mehr sicher, wie lange sie schon weg waren, es kam mir wie eine Ewigkeit vor. Ich hatte ja nichts zu tun, als dazusitzen und zu warten. Auf einmal habe ich es nicht mehr ausgehalten, habe, so gut es ging, alles zusammengerafft und bin über den Strand gestapft. Unterwegs habe ich immer wieder die ein oder andere Sache verloren, aber ich habe alles liegen lassen, ich war viel zu verzweifelt, dass sie mich vergessen haben könnten. Nach damals ungefähr fünf Kilometern, heute wahrscheinlich dreihundert Metern, kam mir mein Vater entgegen und fand mich tränenüberströmt, die Kühltasche in der einen Hand, den Rest in der anderen. Wir sind dann die fünf Kilometer zurückgelaufen und haben alles eingesammelt, was ich unterwegs verloren hatte, und sind anschließend Hand in Hand zu unserem neuen Platz gelaufen, wo meine Schwestern und meine Mama uns schon erwartet haben.«

Während meiner letzten Worte spüre ich ihre Glieder sanft zucken. In diesen Momenten, in denen sie einschläft, in diesem Raum zwischen Bewusstem und Traum, wenn sie wehrlos ist, der einsetzende Schlaf ihren Körper beben und schließlich gleichmäßig atmen lässt, liebe ich sie so sehr, dass ich am liebsten schreien würde.

Cut.

Ich weiß nicht, wie das so schnell gehen konnte mit uns. Es ist mir aber auch egal. Denn wenn man sich nichts Schöneres vorstellen kann, als den anderen neben sich einschlafen zu spüren, kann es so falsch nicht sein.

H AUSMANN WERDEN

Ich putzte die Küche so intensiv, dass man praktisch daraus essen konnte.

(Marvin Ruppert, *Ich mag Regen*)

Zu meiner Verteidigung muss man sagen, dass ich so nicht reagieren wollte.

Es war eigentlich eine Kleinigkeit, der Lappen lag wieder einmal im Spülbecken, und ich mag es nicht, wenn der Lappen im Spülbecken liegt. Das Innere des Spülbeckens ist für mich wie das Innere der Kloschüssel. Ich respektiere durchaus seinen Wert für meine täglichen Verrichtungen, wenn man es nicht berühren muss, kann man es auch putzen, man kann sogar Wasser reinlaufen lassen und spülen, kein Problem. Aber mit etwas, das darin liegt und das Metall, all die Reste, Bakterien und Keime berührt, will ich nicht mein Geschirr spülen. Ich weiß, dass das völlig irrational ist, der Lappen ist auch nicht sauberer, wenn er *neben* dem Spülbecken liegt oder über einem Schrankgriff hängt. Aber ich empfinde es nun mal als störend, und deshalb habe ich, obwohl ich sonst, um meine penible Ansicht sehr wohl wissend, recht tolerant bin, meine Freundin gefragt, wie zur Hölle ich mit diesem Lappen bitte schön einen Topf putzen solle, und ihr klargemacht, dass sie ihn das nächste Mal gleich ins Klo werfen möge, das käme aufs selbe raus.

Sie hat einen Moment gestutzt, dann hat sie den Lappen genommen und ist ins Badezimmer gegangen.

So ist das mit meiner Freundin, man kann sie nicht besiegen, unmöglich. Zumindest nicht, wenn man ihr Freund ist.

Dieser Tatsache jedoch bin ich mir nicht immer gewahr, und deshalb habe ich den Lappen mit den Fingerspitzen aus der Toilette gefischt und angefangen, das dreckige Geschirr damit zu waschen, um meiner Ansicht Nachdruck zu verleihen.

Aber ich bin ihr Freund. Sie ist sich dieser Tatsache immer bewusst. Das ist auch der Grund, warum sie die Töpfe anschließend in den Schrank gestellt hat.

Später saßen wir an unserem selbst gezimmerten Küchentisch, haben Spaghetti mit Pilz-Tomaten-Mozarella-Soße gegessen und uns gefragt, ob die Spülmaschine ihre Arbeit wohl anständig verrichtet habe. Wir hätten wohl beide auch mit den dreckigen Töpfen gekocht, wenn wir dadurch recht behalten hätten.

Am Ende sieht man an den verschieden vollen Tellern immer sehr gut, wer beim Essen den größeren Redeanteil hatte. Der Teller meiner Freundin ist beinahe leer.

Nach einigen Minuten hat sie mich dann gefragt, ob ich einen langen Tag hatte, dass ich so reagiere, und ich habe »ja« gebrüllt und sie gefragt, ob das denn nicht erlaubt sei, mal einen langen Tag zu haben, ob das denn zu viel verlangt sei, mir etwas Verständnis entgegenzubringen, aber wenn es nicht erlaubt sei, einen langen Tag zu haben, bräuchte man mir wohl auch kein Verständnis entgegenbringen.

Sie hat einen Moment gestutzt, dann hat sie mich gefragt, ob ich mich ein bisschen hinlegen will und ob sie mir einen Tee machen soll.

Ich habe »ja gerne« gesagt, sie, dass das ironisch gemeint gewesen sei, darauf ich, dass ich sowieso keinen Tee gewollt hätte.

Ich habe sie dann gefragt, ob sie einen Kaffee wolle. Sie hat gemeint, verarschen könne sie sich selber, da bin ich aufgestanden und habe ihr einen Kaffee aufgesetzt.

»Und diese kleinen Espresso-Kännchen«, habe ich angefangen, »deren Filter dafür geschaffen wurden, nicht sauber zu werden. Du spülst die, und dann sind die oberflächlich sauber, aber wenn du sie dann zum Trocknen neben die Spüle legst, bleibt so eine kleine Kaffeepulver-Wasserlache übrig, die sammelt sich da drinnen, nicht viel, aber natürlich kann das nicht sein, dass das so bleibt, also nimmst du den Filter und haust die Wasserlache raus. Aber nicht, dass er jetzt sauber wäre, nein, dann kommen nämlich einfach neue Kaffeepulverreste aus dem Inneren dieses Teufelsfilters und machen das ganze Ding wieder dreckig. Und du spülst es wieder und legst es zum Trocknen neben die Spüle, und es bleibt eine kleine Kaffeepulver-Wasserlache übrig, das ist ganz schlimm, das ist ein Teufelskreis, da kannst du nichts machen.«

»Dann spül die Teile nicht«, hat meine Freundin gesagt.

»Aber das ist eklig. Die stehen da tagelang, und ich weiß nicht, was ich damit anfangen soll.«

»Spül sie nicht. Hast du mir jetzt extra einen Kaffee gemacht, um davon anfangen zu können?«

»Die stehen in der Spüle, verstehst du? Die Spüle muss zu jeder verdammten Tageszeit leer sein. Da hat kein Spüllappen was drin verloren, kein Kaffeekännchen, nichts.«

»Spül sie nicht«, hat meine Freundin gesagt und ihren Kaffee getrunken.

»Aber verstehst du das nicht?«, habe ich gefragt. »Da krieg ich Helferkomplexe. Das ist wie auf dem Zugklo mit diesen Schildern, auf denen ›Bitte verlassen Sie den Raum so, wie sie ihn vorfinden möchten‹ steht und ich mich umschaue und das Klopapier am Boden sehe und die diversen Flüssigkeiten, die eine interessante Symbiose eingehen, vielleicht auch einen interessanten Parasitismus, ich vermag nicht zu entscheiden, ob beide Seiten etwas davon hatten, und ich denke mir, so will ich den Raum nicht vorfinden. Ich will mit Cillit Bang und Frosch-Reiniger da reingehen und denen mal zeigen, wie ich den Raum vorzufinden wünsche.«

»Und hast du das schon mal gemacht?«, hat meine Freundin gefragt.

»Nee.«

»Warum spülst du dann?«

Ich habe dann eingesehen, dass ich nicht gewinnen kann. Habe ich ja auch gar nicht gewollt. Ich habe nur Aufmerksamkeit gewollt, damit sie mich fragt, was denn los sei, und dann hätte ich gesagt, dass ich voll den komischen Traum hatte letzte Nacht und deswegen so fertig sei.

Da stand ich nämlich mit meiner Freundin in einer Baracke im Wald, in der wir den Eingang zu einer Höhle vermutet haben, in der wir den Eingang zum Schloss eines bösen Mannes vermutet haben, den unsere Geschwister gerade abgelenkt haben, und auf einmal ist mein Vater mit einem Staubsauger reingekommen und später auch noch ihr Vater, und sie haben uns gefragt, ob wir die Höhle suchten, die sei doch voll langweilig, und dann haben sie die Ecken ausgesaugt und sind gegangen.

Und dann bin ich aufgewacht und habe gedacht ›Was war denn das für ein scheiß Traum?‹, und seitdem will ich ihn erzählen und versuche, eine Situation heraufzubeschwören, in der sie mich fragt, was denn los sei.

Aber sie tut es nicht. Sie hat meinen Sauberkeitsdiskurs sogar ignoriert, als ich abends über das Badputzen sinniert habe. Badputzen, so nämlich meine Theorie, macht einfach keinen Sinn. Also nicht *keinen* Sinn, denn wenn man nie sauber machen würde, sähe es bald aus wie irgendwo, wo es sehr dreckig aussieht, aber man kriegt es halt nie richtig sauber, da bleibt immer ein Fussel irgendwo, immer ein Härchen, ein bisschen Dreck, man hat keine Chance. Daher kommt es auch, dass ich es, wenn dann mal was wirklich sauber ist, nicht übers Herz bringe, es wieder dreckig zu machen. Das habe ich noch von meinem Vater. Wenn der früher das Bad geputzt hat, dann mussten wir alle für mehrere Stunden auf ein anderes Klo gehen. Denn das eine war ja gerade geputzt, da konnte man jetzt nicht draufgehen. Aber natürlich muss man irgendwann wieder draufgehen, das liegt ja in der Natur der Sache. Man putzt, damit man wieder dreckig machen kann, das ist der ewige Kreislauf des Lebens.

Ich bin dann ins Bett, und als meine Freundin später nachgekommen ist und sich an mich gekuschelt hat, hat sie gemeint, dass sie ja wisse, dass ich in Sachen Sauberkeit ein bisschen paranoid sei, aber was denn bitte schön heute schiefgelaufen sei.

»Na ja«, hab ich dann angefangen, »ich war einfach beschäftigt im Kopf ...«

Gleich ist es so weit. Warte, warte ...

»Okay.«

Sie wird dich fragen, warte ...

»Und was hat dich so beschäftigt?«

Ja!

»Ach, ich hatte voll den komischen Traum letzte Nacht«, fange ich betont lässig an zu erzählen. »Da stand ich mit dir in einer Baracke im Wald, in der wir den Eingang zu einer Höhle vermutet haben, in der wir den Eingang zum Schloss eines bösen Mannes vermutet haben, den unsere Geschwister gerade ...«

Während meiner letzten Worte spüre ich ihre Glieder sanft zucken.

»Hallo?«, frage ich pikiert, doch sie ist bereits eingeschlafen. Unverschämtheit! Hoffentlich träumt sie von bösen Männern und staubsaugenden Vätern! Ich stehe auf und stecke das Staubsaugerkabel in die Steckdose, um dem Ganzen ein bisschen nachzuhelfen.

DISKUTIEREN

Ich lachte nicht. Ich lachte erst fünf Minuten später.
Dann aber umso ausführlicher.

(Wolfgang Borchert, *Der Stiftzahn*)

Auf der Sporttasche der Frau, die gerade den Busfahrer fragt, ob sie noch mal kurz aussteigen dürfe, weil sie offensichtlich ihren Schirm an der Haltestelle vergessen habe, steht: »Vorausschauend denken, verantwortlich handeln.«

»San mir jetzt im richtigen Bus?«, fragt währenddessen die Dame, die vor mir sitzt, die andere Dame, die vor mir sitzt.

»Ja, samma«, sagt die andere Dame, die vor mir sitzt, zu der Dame, die vor mir sitzt.

»Bist du sicher?«, fragt die Dame.

»Ja, bin ich«, sagt die andere Dame.

»Aber der fahrt an Bogen, der Bus«, sagt die Dame.

»Der andere Bus fahrt auch an Bogen. Der fahrt da am Hart rum«, sagt die andere Dame.

»Ach so. Der andere Bus macht auch an Bogen«, sagt die Dame.

»Und ob du jetzt an Bogen machst oder nachher, is' ja wurscht«, sagt die andere Dame.

»Ja stimmt, des is' wurscht«, sagt die Dame.

»Weil Bogen is' Bogen«, sagt die andere Dame.

»Ja, da hast recht, Bogen is' Bogen«, sagt die Dame.

»Und ich bin hier oft gfahrn, des macht zeitlich keinen Unter-schied«, sagt die andere Dame.

»Des macht keinen Unterschied«, sagt die Dame.

»I hob des genau gstoppt«, sagt die andere Dame.

»Ach, hostas gstoppt«, sagt die Dame.

»Gar keinen. Also obst jetzt an Bogen machst oder nachher«, sagt die andere Dame.

»Ja, des macht ja keinen Unterschied«, sagt die Dame.

»Weil an Bogen machen's ja beide«, sagt die andere Dame.

»An Bogen machen's beide, des stimmt«, sagt die Dame.

»Und welcher Bogen zuerst kommt, is ja wurscht«, sagt die andere Dame.

»Weil Bogen is' Bogen«, sagt die Dame.

»Ich glaube, Sie sind richtig«, sage ich.

ZUFRIEDEN SEIN

»Und die Milchrechnung?«
»Hat er auch nicht bezahlt.«
(Heinrich Böll, *Irisches Tagebuch*)

»Stell dir vor«, sage ich zu irgendwem, vielleicht zu meiner Freundin oder Sebastian am Telefon oder einem vor mir liegenden Buch über Kafka, im Grunde brauche ich nur ein Lyrisches Du, um die Erzählperspektive zu rechtfertigen, »du wüsstest jetzt schon, dass mal jemand eine Biografie über dich schreiben wird.

Wie würdest du leben, wenn du wüsstest, dass alles, was du tust, einmal aufgeschrieben wird? Obwohl du nur ein ganz normaler Mensch warst, ein Mensch wie jeder andere.

Stell dir vor, egal was du tust, nichts wird mehr vergessen, alles, was vorher unwichtig war, wird auf einmal wichtig, wird Stoff für ein Buch, und du könntest das nicht verhindern.

Stell dir vor, was das für ein Gefühl wäre, wenn du mit deinen Freunden sprichst und denkst: ›Wenn ich das jetzt so sage, dann kommt irgendwann mein Biograf und entführt meinen Freund und foltert ihn so lange, bis der auch das letzte Geheimnis über dich ausplaudert.‹

Stell dir vor, jemand sieht dich dabei, wie du bei Lidl einkaufst oder bei McDonald's isst oder einen Koalitionsvertrag unterschreibst, und alle langen sich an den Kopf und denken: ›Was macht der denn da?!‹

Und trotzdem werden sie anfangen, Sätze von dir zu zitieren, Sätze wie ›Ein Baby ist kein Selbstläufer‹ oder ›Ich geh dann mal einkaufen‹, und alle werden sagen: ›Wow, so ein toller Satz. Er war ein Philosoph; er gibt etwas und bekommt etwas dafür. – Aber was bekommt er? Man kann ja für Geld vieles bekommen, vielleicht geht er ja auch in eine Selbsthilfegruppe oder zu einer Prostituierten oder an die Uni ...‹, und du willst sagen ›Nein, ich gehe *wirklich* einkaufen, die Milch ist alle!‹, und sie stehen da und fragen: ›Milch ...? Moment mal, wofür steht Milch?‹

Stell dir vor, du sitzt im Zug und liest Kafka und deine Mitreisenden kennen dich nicht, aber wenn dann mal deine Biografie rauskommt, dann waren sie immer schon deine besten Freunde, und sie werden in ZDF-Shows eingeladen, bekommen einen Balken eingeblendet, auf dem ›Zeitzeuge‹ steht oder ›Burkhard-Experte‹, und sagen Sätze wie: ›Ja ja, der Alex, I remember. Hat immer Kafka gelesen im Zug.‹ Und dein Biograf denkt: ›Oha, Kafka, yeah, der Mann hatte ein Problem mit seinem Vater!‹ Und du willst sagen ›Nein, hatte ich nicht!‹, doch du kannst es nicht, denn du bist ja tot. Du kannst nichts mehr sagen, kannst der Welt nicht sagen, dass du gar kein Problem mit deinem Vater hattest, kannst der Welt nicht sagen, dass das doch nur eine Biografie über einen halbwegs normalen Menschen ist und nicht über einen Präsidenten oder einen Musiker oder einen Sportler oder einen Philosophen oder einen Revolutionär oder einen Wissenschaftler oder einen Teenie-Star oder einen dreifachen Welttorhüter mit Autoritätsproblem.

Stell dir vor, jedes Mal, wenn du eine Frau anlächelst, wird es dir als Annäherungsversuch ausgelegt, jeder Flirt als Affäre, stell dir vor, jedes Mal, wenn du einen schlechten Tag hast, sagt man, du wärst depressiv, stell dir vor, jedes Mal, wenn du weinst, du wärst eben ›auch nur ein Mensch gewesen‹. Doch niemanden interessiert, warum du geweint hast.

Denn was sie nicht aufschreiben können, ist das, was in dir drin vorgeht. Sie werden nicht wissen, dass   und dass   und dass   . Denn was sie aufschreiben können, ist nur das, was an der Oberfläche zu sehen ist und was du ihnen sagst. Alles andere bleibt dein Geheimnis.

Aber was sie kriegen, das wird sofort verwertet. Also auch alles, was jetzt schon über dich bekannt ist. Sie werden schreiben, dass du bei Facebook angemeldet warst und bei Twitter, und sie werden fragen: ›War das nun Geltungsdrang oder war es ein Schrei nach Anerkennung? Dachte er denn ernsthaft, dass es irgendwen interessieren würde, was auf seiner Homepage steht oder was er in seinen Texten schreibt?‹ Und nur du wirst wissen, warum du das getan hast, und sie werden rätseln und rätseln und nichts herausfinden, aber Bücher schreiben mit dem Titel *Die Neuauslegung der Psychoanalyse und inneren Unsicherheit vor dem Hintergrund der Betreffsthemen in Alex Burkhards SchülerVZ-Nachrichten von Juni bis August 2007*, und alle Universitätsbibliotheken der Welt werden diese Bücher kaufen, und niemand wird sie je lesen, weil du einfach ein ganz normaler Mensch warst.

Und sie werden sich deine privaten Tagebücher und deine Notizbücher vornehmen, deine Texte analysieren, nach Stilmitteln suchen und Metrum und Versmaß, und sie werden finden und finden und finden, was du niemals versteckt hast, aber das ist ihnen egal, denn es ist ihr Job, etwas zu finden. Sie nennen das ›wissenschaftliches Arbeiten‹.

›Und dann‹, werden sie sagen, ›hat er Kurzgeschichten geschrieben, die total krank waren, da haben sich immer die Protagonisten umgebracht‹, und irgendjemand wird dann sagen, dass du suizidgefährdet warst, und ein anderer wird sagen, dass du nur weiterleben konntest, weil du die Figuren hast sterben lassen. Und da wird dann eine Fußnote in der Biografie sein, in der steht:[4] Und alle werden sagen: ›Ja wenn da 'ne Fußnote steht, die auf Goethe verweist, dann muss das wohl stimmen.‹

Sie werden sagen, dass jemand, der Texte darüber schreibt, wie jemand eine Biografie über ihn schreibt, nicht ganz dicht sein kann, und sie wissen nicht, dass man Lyrisches Du und Autor nicht einfach gleichsetzen kann, denn woher wollen sie wissen, dass du einen Text über dich schreibst oder überhaupt schreibst, denn du als Lyrisches Du schreibst ja vielleicht gar nicht, sondern nur der Autor.

Und sie werden verwirrt sein und schnell weiterblättern zum Kapitel, das da heißt ›Privatleben‹. Und da wird dann drinstehen, dass *die* deine erste Freundin war und *die* deine zweite. Dass du mit *der* zum ersten Mal Sex hattest und beim Höhepunkt immer die heilige Johanna der Schlachthöfe angerufen hast.

Und irgendwann wird ein unmotivierter Zehntklässler ein Wikipedia-Referat über dich halten, so nach dem Motto:

> ALEX BURKHARD (*15. Juli 1988 in Lindenberg im Allgäu, auf der Bühne oft auch *Alex Burkhardt, Alex Burghard, Alex Burkart, Alex Burgardt* oder *Axel Burkardt*) ist ein deutscher Skandinavistikstudent. Bisher verkaufte er geschätzte null Bücher, null Tonträger und null Alex-Burkhard-Frühstückssets. Er spielt in keiner Band und gewann trotzdem noch keinen Golden Globe, Oscar oder Grammy. Er machte seine ersten Bühnenerfahrungen nicht mit sechseinhalb Jahren im Mickey Mouse Club, aber entwickelte danach langsam kein besonderes Gesangstalent. Burkhard ist im Kopf liiert und imaginärer Vater mehrerer Kinder. Seine Badeente heißt Ludgar, und er brachte es auf null Nummer-Eins-Alben.

Und er ist verdammt zufrieden damit.«

---

4 Vgl. Goethe, Johann Wolfgang von. 1774. *Die Leiden des jungen Werthers*. Seite soundso.

 UNST

Als ich es dem Reich-Ranicki vorgelesen habe, hat der sich orgasmisch auf dem Boden gewälzt und nach seinem Riechsalz geschrien.

(Sacha Storz, *Die ganz große Geschichte*)

Als Mitglied einer Lesebühne zu einer Lesebühne zu gehen und keine neuen Texte dabeizuhaben, ist in etwa, man erlaube mir den Vergleich, als gehe man in einen Strip-Club und habe keine Ein-Dollar-Noten zur Hand. Man kann sich die Show natürlich trotzdem ansehen, es wird einem (von anderen) auch was geboten, aber trotzdem, man erlaube mir den Vergleich, fühlt es sich an, als sitze man im Publikum von *Wer wird Millionär?* und beobachte die anderen dabei, wie sie abräumen. Entweder man liest selber oder man kommt gar nicht.

Mein schon mehrfach gefasster Plan, die neuen Texte tatsächlich im Laufe des Monats zu schreiben, ist jedoch zum wiederholten Male nicht wirklich aufgegangen.

Ich öffne also mein Mailprogramm und will eine herzerweichende Entschuldigung verfassen, von wegen Stress und Arbeit und Kind, da blinkt es, und in meinen Posteingang flattert eine Nachricht, in der Fabian irgendwas von wegen Stress und Arbeit und Kind schreibt.

›Verdammt‹, denke ich, denn einer der wenigen Beschlüsse unseres *Westend-ist-Kiez*-Master-Meetings, bei dem Felix ver-

sucht hat, Pizza herzustellen (und dieser klobige Ausdruck be-
schreibt den tatsächlichen Vorgang am treffendsten), und Sacha
einen Mai Tai nach dem anderen, nun ja, mixte und trank – einer
der Beschlüsse war also der, dass höchstens ein Leser pro Show
absagen darf.

Ich schließe also mein Mailprogramm wieder, gehe ins Bad
und sehe Sacha förmlich vor mir, wie er mit einer Flasche Grappa hinter seinem Bildschirm sitzt, die Worte »Stress«, »Arbeit«
und »Kind« löscht und einen großen Schluck auf sich und seinen vielfach umjubelten Kanu-Text nimmt, den er dann wohl
zum elften Mal vorlesen wird.

»Wie siehst du denn aus?«, fragt meine Freundin, als ich einige Minuten später wieder ins Zimmer komme.

»Wenn jemand in Horrorfilmen mit blutverschmierten Händen aus dem Bad kommt, muss er nicht unbedingt jemanden
umgebracht haben«, sage ich mit blutverschmierten Händen.
»Vielleicht kann er einfach nur genauso gut mit Zahnseide umgehen wie ich. Hast du vielleicht eine Textidee für mich?«

»Hast du immer noch nichts geschrieben?«

»Nein, aber morgen ist ja auch noch ein Tag«, sage ich.

»Du bist so hart«, sagt sie. »Wenn ich so unter Druck wäre,
würde ich wahrscheinlich nur lauter Seiten voller ›M‹s und ›N‹s
schreiben.«

»Ich sag doch, dass du mal auf die Bühne solltest«, antworte
ich. »Außerdem machst du es bei deinen ganzen Referaten und
Seminararbeiten doch auch immer so.«

»Sehr witzig. Hier, schreib doch was über die Dalí-Ausstel-
lung letztens.«

Wir sind vor ein paar Tagen in Prag gewesen und hatten nicht
nur das Vergnügen, für drei Euro in die Oper zu gehen, sondern
auch in einem alten Gebäude am Karlsplatz eine wunderbare
Ausstellung voller surrealer Kunst zu bewundern.

»Ich weiß nicht, ob ich so was kann«, sage ich. »Ich kenne

mich mit Kunst ja eigentlich nicht so aus. Aber vielleicht probiere ich das mal.«

Am nächsten Morgen stehe ich in aller Frühe auf, gehe laufen, mache fünfundsechzig Liegestütze und trinke einen Energieshake aus drei rohen Eiern vermischt mit noch mehr rohen Eiern. Dann setze ich mich voller Elan an den Schreibtisch und fahre den PC hoch, denn als Mitglied unserer Lesebühne zu unserer Lesebühne zu gehen und einen alten Text dabeizuhaben, ist in etwa, man erlaube mir den Vergleich, als wolle man die Mathestunde mit den Hausaufgaben vom vorletzten Mal überstehen. Doch die fünfundsechzig Liegestütze waren dreiundsechzig zu viel, und deshalb schlafe ich ein, noch bevor ich nach meinem Passwort gefragt wurde.

Roh-Ei-Traum. Intermezzo.

Ich habe in einem fallenden Regentropfen Sex mit vier Frauen gleichzeitig und mit einem Pferd. Das Pferd heißt Gulliver und fragt mich hinterher, ob ich noch auf einen Kaffee mit hochkommen will, und ich zeige auf eine ausrangierte Augenhöhle, die neben einem Miniaturdinosaurierskelett steht, und sage »Mühlebrett«, und Gulliver erhebt sich, und wir nehmen uns an der Hand, und er deckt mich zu und sagt »Der Kaffee ist im Zimmer nebenan, aber ich hole dir die Regentropfen vom Himmel«, und er greift zum Telefonhörer, der viermal so groß ist wie er selbst und sagt »Mühlebrett«, und ich sage »Schach«, und da springt ein weißer Hase aus dem Telefonhörer und rechnet Gulliver vor, dass er jetzt Artur heiße, weil eine Person, die im Kino drei Plätze vor dir und zwei neben dir sitzt, bei einem Durchschnittsabstand von 1,5 Meter nach vorne und 1 Meter zur Seite Exakt Wurzel $4,5^2+2^2$, also Wurzel 29,25, also 5 Wurzel 2 Meter von dir entfernt sitzt, laut Pythagoras, und Gulliver sagt »Das kann doch nicht sein, weil Licht und Schatten ja auch immer eine Rolle spielen und man nicht Artur heißt heutzutage«, und der Hase sagt »Hokuspokus« und verwandelt sich in einen Zylinder, um den Licht und Schatten spielen, und Artur schlägt die Hufe aus, und dabei sehe ich sein Pferdegemächt und nenne es kurzerhand Gulliver II, und Gulliver II und Artur und ich reisen durch Uhren und Bilder und zerfließen und trinken Kaffee und versuchen, Kiwis zu essen, doch das geht nicht, weil eine Taschenuhr in sie eingewachsen ist, die sagt, dass es Zeit für die Mitternachtsformel sei, und wie auf Kommando wird es Schatten, und eine Ananas beißt uns, Artur, Gulliver II und mich, und der Rasen ist tiefgrün, und ein alter Mann malt ein Selbstporträt mit gebratenem Speck, und Gulliver II kauft das Bild und nennt es Sigmund und schenkt es mir, und Sigmund sagt »Hallo«, und ich sage »Schach!«, und eine Feder schreibt »Mühlebrett« auf Arturs Bauch, und der wiehert und schlägt aus, und dabei trifft er mich, und ich falle rückwärts in einen großen Masturbator, der aus Brüsten und Samt besteht, und ich nenne ihn Coco, und ich drücke einige Hebel und Knöpfe und laufe 5 Wurzel 2 Meter nach schräg vorne, wo Gulliver II auf mich wartet, und dann haben Gulliver II, der ein Pferdegemächt ist, und Sigmund, der ein Selbstporträt ist, und ich wilden Sex auf einer Taschenuhr, und ich weiß nicht, wie das gehen kann, aber es geht, und Gulliver II ist fertig und sagt »zeitgeisty ist ein englisches Adjektiv«, und ich sage »Schach!«, und dann regnet es Matratzen, und ich frage mich und Sigmund, welche ich denn nun nehmen soll, und eine Matratze sagt, dass ich ein Esel wäre und mein Name fortan Felix sein solle, und Felix versucht zu argumentieren, dass sein Mund sich in ein Riechorgan mit Warze verwandelt hat, und merkt nicht, dass ihm ein Nebensatz gefehlt hat, den Artur hinter sein »Mühlebrett«-Tattoo gestellt hat, sodass seinen Rücken, der nun Fabian heißt, jetzt die Inschrift »Mühlebrett, dass man ihm seine Persönlichkeit nicht einfach stehlen könne, und merkt nicht« ziert, und Gulliver II springt in eine schattige

Pfütze, und Sigmund springt hinterher, und ein Bleistift taucht auf und fragt nach dem Weg zu den Bergen und Felix, der ich bin, und Gulliver II, der ein Pferdegemächt ist, und Artur, der ein Pferd mit der Inschrift »Mühlebrett, dass man ihm seine Persönlichkeit nicht einfach stehlen könne, und merkt nicht« auf dem Rücken oder dem Bauch ist, und Sigmund, der ein Selbstporträt ist und von nun an Volker genannt werden will, wir alle sagen dem Bleistift, dass wir den Weg zu den Bergen nicht wussten, wissen oder jemals wissen werden, und der Bleistift verabschiedet sich und schläft ein und fällt um, und die Brüste lachen, denn hier sind sie die Berge, die der Bleistift sucht, und der Telefonhörer lacht auch, denn auch er ist ein Berg, ein Hindernis für die Liebe, und Volker lacht auch, denn er besteht aus Bergen von gebratenem Speck, und die Sonne wirft unnatürlich lange Schatten und heißt Sacha, weil Gulliver II und Artur sich trennen und Gulliver II Arme und Beine wachsen und er als laufendes Pferdegemächt (a) in die Geschichte eingeht und (b) Regentropfen fängt, und Sacha schaut in die Spiegel, die überall herumstehen, und lacht, weil er so gelb ist, und der Bleistift wirft lange Schatten, die Volker leicht aufisst, und alle holen ihre Taschenuhr heraus, Felix, der ich bin, Volker Selbstporträt und Sacha Sonne und Fabian Pferderücken, und wir sehen, dass es Zeit ist, die Mitternachtsformel anzuwenden und für kurze Zeit so zu tun, als wären wir normal.

JOBS FÜR DIE MAFIA

Meine Skepsis gegen das Radfahren hatte sich vollkommen verloren, sowohl in theoretischer wie in praktischer Hinsicht.

(Patrick Süskind, *Die Geschichte von Herrn Sommer*)

Als ich nichtsahnend die Tür zur Wohnung von meiner Freundin und mir aufsperre, nun ja, ahne ich noch nicht, was mich drinnen erwartet.

Am großen Esstisch in der Küche sitzt Sebastian und weint. Man habe ihm sein Fahrrad geklaut, stammelt er. Jetzt sitzt er hier neben meiner Freundin und schluchzt tränenerstickt vor sich hin.

Ich packe meine Einkaufserrungenschaften aus. Milch, Eier, Käse, Kartoffeln und Müsli.

»Wieso hast du denn schon wieder Müsli gekauft?«, fragt meine Freundin und stellt die Packung zu den acht anderen auf den Kühlschrank.

»Na ja, jetzt muss ich mir mal bis Ende Februar keine Müslisorgen mehr machen«, sage ich.

»Du machst dir Müslisorgen?«, fragt Sebastian.

»Ja«, sagt meine Freundin. »Manchmal wacht er auch nachts auf und geht an den Kühlschrank, um nachzuschauen, ob noch genügend Milch da ist.«

»Zur Sache«, sage ich. »Dein Fahrrad ist weg?«

»Ja«, sagt Sebastian traurig. »Gestern Abend stand es noch im Treppenhaus, und heute Morgen war es nicht mehr da.«

Sebastian stellt sein Fahrrad immer direkt vor seiner Wohnungstür ins Treppenhaus. Das ist mit den Nachbarn so abgesprochen, und manchmal wacht er auch nachts auf und schaut durch den Türspion, um nachzusehen, ob es noch da steht. Meistens kann er nichts Genaues erkennen, weil das Licht im Treppenhaus ständig kaputt ist, aber allein die schemenhaften Umrisse seines Ungetüms von einem Fahrrad beruhigen ihn normalerweise. Damals, als ich noch nicht mit meiner Freundin zusammengelebt, sondern mit ihm in einer WG gewohnt habe, ist er mehr als einmal nachts an meiner Tür vorbeigeschlichen, darauf hoffend, dass ich ihn bemerken und zu einem Plausch in mein Zimmer einladen würde, um ihn zu beruhigen. Vielleicht musste er auch aufs Klo.

»Wie sieht dein Fahrrad denn aus?«, fragt meine Freundin.

»Es ist groß«, sage ich. »Um nicht zu sagen riesig.«

»So groß ist es gar nicht«, sagt Sebastian, doch das stimmt nicht.

»Die Mafia?«, frage ich nachdenklich, den Kopf in den Nacken gelehnt.

Sebastian nickt ernst: »Ich befürchte es fast.«

Man muss dazu sagen, dass wir seit Urzeiten, also genau genommen seit wir uns kennen, also seit knapp zwei Jahren, die Theorie haben, dass es im Westender Untergrund mafiaähnliche Tendenzen gibt. Arglose Fahrräder werden auf dem Weg zum Bäcker umgestoßen. Täglich verschwinden irgendwo Drahtesel und tauchen an anderer Stelle wieder auf, täglich werden in den vermeintlich leer stehenden Läden des Viertels Räder umlackiert und wieder verkauft, täglich tobt ein Krieg um die nichtsahnenden Kunden, die unwissend ihr eigenes Vehikel zurückkaufen.

»Ich weiß nicht, was ich jetzt machen soll«, sagt Sebastian.

»Also wenn du einen Hund gehabt hättest, hätte ich gesagt, dass du mal beim Asiaten unten fragen könntest«, sage ich.

»Alex!«, sagt meine Freundin.

Sebastian hat wieder zu weinen begonnen.

»Also«, sage ich, um etwas zu sagen. »Was machen wir jetzt?«

»Wir müssen sein Fahrrad zurückholen, ist doch klar«, sagt meine Freundin.

»Finde ich auch«, schnieft Sebastian. »Ich hab da auch schon eine Dönerbude in Verdacht, die wir untersuchen könnten.«

Als wir bei Sebastians Wohnung ankommen, hängt dort ein Zettel an der Tür, auf dem steht: »Wenn du dein Fahrrad unversehrt wiedersehen willst, bring einen weißen Umschlag mit 82 Euro in nicht fortlaufend nummerierten Scheinen in die Dönerbude in der Kazmairstraße 37. Bestell einen Döner, setz dich an den Tisch in der Ecke, schau in den kleinen Fernseher und esse deinen Döner. Dann leg den Umschlag unter den Teller und geh raus. Wir machen keine Scherze. Keine Polizei, keine verdeckten Ermittler, keine Minikameras im Knopfloch, kein falscher Umschlag, keine Wanzen im Umschlag, keine nummerierten Scheine, keine ferngesteuerten Autos, keine Fallschirmspringer, keine Kaugummis, die explodieren, wenn man die beiden Enden so aufeinanderpresst, keine falschen Zähne oder Hasen, keine Zeitbomben oder Sprengsätze. Tu, was wir dir sagen, und deinem Fahrrad wird nichts passieren. Wenn bis heute Abend um acht das Geld nicht da ist, werden wir dir zur Warnung jede Stunde ein Stück deines Liebsten schicken!«

»Oh nein«, sagt Sebastian. »Die Döner da sind total furchtbar. Was machen wir denn jetzt?«

»Wir haben noch ein viel größeres Problem«, sagt meine Freundin. »Wie sollen wir 82 Euro in Scheinen besorgen?«

Wir stehen etwas ratlos vor der Haustür und grübeln, wer einem Fahrrad so etwas antun könnte. Da kommt Felix auf seinem neuen Fahrrad vorbei, und mir kommt eine Idee.

»Sag mal, Felix«, sage ich. »Du bist doch Arzt.«

»Ja«, sagt Felix und versucht, die Sache herunterzuspielen.

»Dann kannst du uns vielleicht helfen«, sage ich.

»Ja gerne, und wie?«, fragt er.

Drei Tage später liegt das letzte Teil von Sebastians Fahrrad vor seiner WG-Tür. Wir haben sein Zimmer zu einem Operationssaal umgebaut, in dem Felix, assistiert von meiner Freundin und mir, Tag und Nacht fieberhaft daran arbeitet, die Einzelteile des Fahrrads wieder zusammenzuflicken. Ich wusste nicht, wie aufwendig es ist, das zu tun – vor allem, wenn der Rahmen als Letztes montiert wird –, doch als Felix am Ende die Kette testet, fröhlich die Klingel betätigt und den Patienten für stabil erklärt, umarmen wir uns alle, klatschen uns ab, springen mit den blanken Brüsten aneinander (also das nur die Männer), und veranstalten einen riesigen Lärm in der Wohnung, so laut, dass die griechische Geheimcommunity, die im Erdgeschoss ihre Treffen abhält, sich am Ende beschwert. Wir machen einen Wein auf, spielen Activity und tragen Felix und das Fahrrad auf Händen durch die Wohnung.

Als wir am nächsten Morgen völlig übermüdet und ins viel zu helle Tageslicht blinzelnd aus der Haustür stolpern, sind wir immer noch ganz siegestrunken. Meine Freundin und ich machen uns auf den Weg zur U-Bahn, als Felix uns nachgelaufen kommt.

»Ey, Leute«, sagt er mit seiner weichen Stimme, die trotz der Feierlichkeiten nichts von ihrer Ausstrahlungskraft verloren hat.

»Was ist?«, frage ich.

»Habt ihr mein Fahrrad gesehen?«

ORDNUNG HALTEN

Neznakomtsu ot neznakomki.

(Vladimir Nabokov, *Pnin*)

Meine Freundin und ich sitzen an der Haltestelle. Ihr Kopf ist gegen meinen gelehnt, unsere Hände sind ineinander verknotet. Unsere Gedanken verlieren sich irgendwo in den Nachwirkungen des Abends und der Atmosphäre der letzten U-Bahn.

»Siehst du den Mann da?«, frage ich plötzlich.

»Ja.«

»Der wäre ideal für meine ›Lyrik der Fremden‹-Reihe.«

»Deine was-Reihe?«

»›Lyrik der Fremden‹. Weißt du nicht mehr, die Idee, von der ich dir mal erzählt habe.«

»Von der du noch nichts wusstest außer den Titel?«

»Genau«, sage ich. »Es wird ein Gedichtband über fremde Leute. Die ich so sehe. Wenn ich wen sehe, schreibe ich ein kurzes Gedicht über seine Merkmale. Was ich denke, was er macht und so. Was hältst du davon?«

»Klingt ... revolutionär.«

»Pff«, sage ich.

»Okay, entschuldige«, sagt sie. »Also, was macht der Mann da?«

»Willst du das wirklich wissen?«, frage ich. »Es ist eine ziemlich traurige Geschichte.«

»Klar will ich es wissen. Ich finde, er sieht aus, als habe er einiges erlebt.«

»Das kannst du laut sagen«, fange ich an. »Weißt du, warum er auf die U-Bahn wartet? Er braucht noch einen Wagen für die 250.«

»Wie meinst du das?«

»Siehst du das kleine Büchlein, das er in der Hand hat? Da macht er einen dünnen Strich rein, wenn er eine neue Zahl findet. Noch einen Wagen, und er hat die 250 geknackt. 250 verschiedene U-Bahn-Wagen.

Auf der Seite des Verkehrsverbundes hat er gelesen, dass im vorletzten Jahr, gut, schon eine Weile her, aber durchaus repräsentativ für das aktuelle, wie er findet, 588 U-Bahn-Wagen in der Stadt im Einsatz gewesen seien. Er hat also schon fast die Hälfte notiert. Obwohl es immer schwerer wird, Wagen zu finden, die noch nicht in seinem Büchlein stehen. Immer, wenn er eine U-Bahn betritt, schaut er als Erstes auf die kleine Plakette oberhalb des Fensters an der Kopfseite oder unterhalb des roten Notrufknopfes neben den Einstiegstüren. Er hat 249 Wagennummern, die er im Notfall angeben könnte.

Es fing alles an, nachdem er sein vorheriges Projekt beendet hatte. Innerhalb des letzten halben Jahres hat er sämtliche Produkte, die der kleine Supermarkt um die Ecke führte, genau einmal gekauft und gegessen. Es ist etwas einfacher gewesen als jetzt, aber auch damals hat es Schwierigkeiten gegeben. Manche Artikel waren nicht immer im Sortiment, andere gab es nicht so vielfältig. Da er nichts doppelt kaufen durfte, musste er sich diese Artikel besonders einteilen. Milch oder Brot gab es zwar in einigen Ausführungen, aber wenn man sich von jedem Artikel nur exakt ein Exemplar kaufte, musste man sehr sparsam damit umgehen. Von anderen Waren gab es wiederum so viele, dass er sich ranhalten musste, alle einmal zu essen. Doch am Ende hat er es geschafft. Er hat zwar einige Kilo zugenommen, ist unmuskulöser geworden, die vielen Süßigkeiten haben ihm zugesetzt. Aber am Ende hat er es geschafft.

Jetzt fährt er den ganzen Tag U-Bahn. Eine Linie nach der anderen. Er springt bei jeder Haltestelle aus dem Wagen und in den nächsten, blättert in seinem Buch, um zu sehen, ob er in genau diesem schon einmal gefahren ist, und notiert eifrig die vierstellige Wagennummer, wenn er einen neuen Fund macht. Er hat sich in seinem Büchlein ein System ausgedacht, das es ihm ermöglicht, schnell nach schon vorhandenen Nummern zu suchen. Er hat es in neun Abschnitte gegliedert, die die Zahlen von eins bis neun umfassen. Diese Zahlen stehen für die erste Ziffer. Jeden dieser Abschnitte hat er in drei Bereiche unterteilt, die für die zweite Zahl stehen. Von null bis drei, von vier bis sechs und von sieben bis neun. Dann blättert er innerhalb des zweiten Bereichs weiter. Auf jeder Seite ist ganz oben eine Zahl von null bis neun eingetragen. Das ist die erste Zahl des zweiten Zahlenpaares.«

»Klingt ziemlich kompliziert«, sagt meine Freundin.

»Ist es eigentlich gar nicht«, sage ich. »Die Wagennummer 7168 zum Beispiel würde er erst unter sieben suchen, dann unter Bereich eins, der eben von eins bis drei geht, und schließlich unter sechs, weil das die erste Zahl des zweiten Paares ist. Und er würde fündig werden. Das wäre dann die 23. von 25 Zahlen, die heute bereits in seinem blauen Büchlein stehen. Das sind 92 Prozent, Quersumme 2, Primfaktoren 2, 4, 23 und 46. Er würde sein Stofftaschentuch herausholen und sich laut schnäuzen. Die anderen Passagiere würden sich alle zu ihm umdrehen, aber das würde ihn nicht stören. Er macht sich schon lange nichts mehr daraus, was die anderen von ihm denken. Das Wichtige ist seine Aufgabe.

Schon früher hat er alles in Zahlen gefasst, was er kriegen konnte, hat keine Regelmäßigkeit zu suchen ausgelassen. Er hat Listen mit Fußballergebnissen geführt, Torschützen, gelben Karten, Auswechslungen. Er hat Listen mit Musik geführt, die ihm gefallen hat, hat aufgeschrieben, welches Lied er unter der Woche wie oft gehört hatte, und sich seine eigenen Charts erstellt. Er hat Listen mit Filmen geführt, die er gesehen, und Büchern, die er gelesen hat. Und er hat sie mit bis zu zehn Sternen bewertet, wobei zehn fast nie vorgekommen sind. Es hat ihm Halt gegeben, es war wichtig, etwas zu haben, was feststand. Zahlen lügen nicht, heißt es, und genau das hat auch er immer gewusst.

Als er in die fremde Stadt gekommen ist, hat er, um sich an etwas entlanghangeln zu können, dreimal am Tag das Wetter aufgeschrieben. Mit Luftdruck, Temperaturanstieg, Luftfeuchtigkeit und Mondphase. Als er nach einigen Semestern seine Studiengebühren nicht mehr bezahlen konnte und exmatrikuliert worden ist, hat er die fünfstelligen Zahlen auf den Rechnungen und Mahnungen im Kopf zusammengezählt und dann Quersummen gebildet und Wurzeln gezogen, um sie schrumpfen zu lassen. Doch die Leute im Amt hatten keinen Sinn für Zahlenspiele. Als er sich gefangen hatte und nach seiner späten Ausbildung einen Job als Nachtwächter bekommen hat, hat er die Autos gezählt, die an der Fabrik vorbeigefahren sind, aufgeschrieben, wie viele der Zahlen auf den Nummernschildern man durch drei teilen konnte, Muster aus den Tropfen des Wasserhahns gebildet, Melodien und Rhythmen in das eintönige Geräusch hineininterpretiert.

Und als dann wenig später seine Mutter gestorben ist, hat er Statistik geführt über die Vögel, die sich auf ihr Grab gesetzt haben, eine penible Skizze des kompletten Friedhofs gezeichnet und Stunden damit verbracht auszurechnen, wo die exakten Koordinaten ihres Begräbnisplatzes liegen. In seinen Gedanken lag er längst auch schon irgendwo da unten, tatsächlich aber musste er ohne jede Familie weiterleben. Er hat angefangen, die Flaschen zu zählen, die er Abend für Abend getrunken hat, und auszurechnen, wie viel Prozent seines Blutkreislaufs bei welcher

Biersorte aus Alkohol bestanden. Irgendwann hat er sich aufge-
rafft, sich einen neuen Job gesucht, eine kleinere Wohnung, sich
selbst. Was er gefunden hat, waren wieder einmal Zahlen und
Gewohnheiten. Er hat die Quersumme aller Zahlen gebildet, die
ihm über den Weg gelaufen sind, und sich gefreut, wenn der
23.08. des jeweiligen Jahres war, weil er findet, dass diese Zahlen
zusammen unheimlich schön aussehen. Im letzten Jahr hat er
die Sache mit dem Supermarkt entdeckt, davor ist er in sämtlichen Präsenzbibliotheken der Stadt gewesen, um die absolute
und die relative Zahl blauer Bücher in ihnen zu notieren.

Und jetzt fährt er U-Bahn. Er weiß nicht, wie lange er das
machen wird. Er hat auch keine Ahnung, wie viele Wagen insgesamt eingesetzt werden. Und in welchem Zeitraum und Um-
fang. Einen Brief hat er schon geschrieben, doch keine Antwort
erhalten. Er wird es wohl so lange machen, bis er sich sicher ist,
keinen neuen Wagen mehr zu finden. Er weiß noch nicht, wann
das sein wird, und woran er es erkennt, aber er weiß, dass er in
diesem Moment völlig sicher sein wird. —«

Meine Freundin schaut mich an, ihre Augen sind von einem
feuchten Film überzogen.

»Das war gar keine Lyrik«, sagt sie mit erstickter Stimme.

Dann fährt die U-Bahn ein.

SCHLUSS

Da sind so viele Dinge, die ich irgendwie nicht sagen kann.
Die über meinen Verstand hinauswachsen.

(Désirée Opela, *Koordinaten*)

Immer wenn sie damals in meiner alten Wohnung war, war der Wasserhahn im Bad danach auf warm gedreht.

Ich wasche mir immer mit kaltem Wasser die Hände und das Gesicht, sie jedoch braucht warmes Wasser.

Als wir einander ein paar Tage kannten,
man darf nicht sagen, wir kannten uns gut,
kam es, dass wir Zuneigung fanden,
wie andere Leute einen Stock oder Hut.

Manchmal kam sie nach dem Tanzen zu mir.

Dann hatte sie ihre Sporttasche über der Schulter und schaute mich mit leuchtenden Augen an.

»Das kostet mich jedes Mal so viel Energie«, sagt sie glücklich und fällt in meine Arme.

Ich merke, wie perfekt ihr Kopf an meine Schulter passt.

»Du bist so besonders«, sage ich.

»Da bist du aber der Einzige, der das findet«, sagt sie und lacht.

Dann löst sie sich und verschwindet ins Bad. Ich stelle ihre

Sporttasche währenddessen auf die Fensterbank, zwischen Plattenspieler und Streichholzschachtel.

Später liest sie mir aus dem *Kleinen Prinzen* vor.

– *C'est une chose trop oubliée, dit le renard. Ça signifie »créer des liens ...«*

»Zähmen, das ist eine in Vergessenheit geratene Sache«, sagte der Fuchs. »Es bedeutet, sich ›vertraut machen‹.«

»Mein kleiner Prinz«, flüstert sie mir ins Ohr.

Als sie am nächsten Abend gegangen ist und ich ins Bad komme, ist der Wasserhahn auf warm gedreht.

Als wir einander ein paar Wochen kannten,
man darf fast sagen, wir kannten uns gut,
kam es, dass wir Vertraulichkeit fanden,
wie andere Leute einen Stock oder Hut.

Manchmal kam sie nach dem Weggehen zu mir.

Dann hatte sie ein winziges Handtäschchen um und schaute mich mit großen Augen an.

»Das kostet mich jedes Mal so viel ...«, sagt sie etwas betrunken und fällt in meine Arme.

Ich merke, wie ihr Herzschlag perfekt zu meinem passt.

»Du bist so besonders«, sage ich.

»Da bist du aber der Einzige, der das findet«, sagt sie und lächelt.

Dann löst sie sich und verschwindet ins Bad. Ich lege ihr winziges Handtäschchen währenddessen auf die Fensterbank, zwischen Plattenspieler und Streichholzschachtel.

Später liest sie mir aus dem *Kleinen Prinzen* vor.

– *Je commence à comprendre, dit le petit prince. Il y a une fleur ... je crois qu'elle m'a apprivoisé ...*

»Ich beginne zu verstehen«, sagte der kleine Prinz. »Es gibt eine Blume ... ich glaube, sie hat mich gezähmt ...«

»Ich kann so gut Französisch sprechen, wenn ich betrunken bin«, stellt sie fasziniert fest.

Als sie am nächsten Tag gegangen ist und ich ins Bad komme, ist der Wasserhahn auf warm gedreht.

Als wir einander ein paar Monate kannten,
und man darf sagen, wir kannten uns gut,
kam es, dass wir die Liebe fanden,
wie andere Leute einen Stock oder Hut.

Manchmal kam sie nach dem Lernen zu mir.

Dann hatte sie einen Zettelwust dabei und schaute mich mit intelligenten Augen an.

»Das kostet mich jedes Mal so viel Energie«, sagt sie stolz und fällt in meine Arme.

Ich merke, wie perfekt meine Arme um ihren Rücken passen.

»Du bist so besonders«, sage ich.

»Da bist du aber der Einzige, der das findet«, sagt sie.

Dann löst sie sich und verschwindet ins Bad. Ich lege ihren Zettelwust währenddessen auf die Fensterbank, zwischen Plattenspieler und Streichholzschachtel.

Später liest sie mir aus dem *Kleinen Prinzen* vor.

– *On ne connaît que les choses que l'on apprivoise, dit le renard.*

»Man kennt nur die Dinge, die man zähmt«, sagte der Fuchs.

»Ich glaube, niemand kennt mich so gut wie du«, sagt sie müde.

Als sie am nächsten Morgen gegangen ist und ich ins Bad komme, ist der Wasserhahn auf warm gedreht.

Und dann suchten wir eine andere Wohnung. Eine, in der wir beide Platz hatten.

Du machtest daraus unser Schloss, während ich feststellte, dass der Wasserhahn im Bad einen Hebel für warmes Wasser hatte und einen für kaltes.

Als ich wieder aus dem Bad kam, war die alte Küche blau ge-
strichen, die Schlafzimmerwand beschriftet, überall standen alte
Möbel, und wenn man durch die Wohnung ging, knarzte das Par-
kett. Es hätte mich nicht gewundert, wenn dafür auch du gesorgt
hättest. Du wolltest mit mir tanzen und weggehen und lernen,
und ich war damit beschäftigt zu verarbeiten, dass es keinen Wasserhahn mehr gab, den du auf warm drehen konntest.

Manchmal kam sie nach der Uni nach Hause.

Dann hatte sie einen riesigen Ordner unter dem Arm und
schaute mich mit erschöpften Augen an.

»Das kostet mich jedes Mal so viel Energie«, sagt sie matt und
fällt in meine Arme.

Ich merke, wie unsere Atmung nicht mehr richtig zueinander
passt.

»Du bist so besonders«, sage ich.

»Findest du das wirklich noch?«, fragt sie.

Dann löst sie sich und verschwindet ins Bad. Ich wuchte ihren
riesigen Ordner währenddessen auf die Fensterbank, zwischen
Flohmarktteekanne und Basilikumpflänzchen.

Später liest sie mir aus dem *Kleinen Prinzen* vor.

– *C'est le temps que tu as perdu pour ta rose qui fait ta rose si im-
portante.*

»Die Zeit, die du für deine Rose verloren hast, sie macht deine
Rose so wichtig.«

»Ich will dich nicht verlieren, du bist so wichtig«, sagt sie traurig.

Als ich später ins Bad komme, merke ich, dass unser Wasserhahn einen Hebel für warmes Wasser hat und einen für kaltes.

Als wir einander ein paar Jahre kannten,
vielleicht kannten wir uns etwas zu gut,
kam unsere Liebe plötzlich abhanden,
wie anderen Leuten ein Stock oder Hut.

Und dann suchten wir andere Wohnungen. Welche, in denen jeder seinen Platz hatte.

Du machtest aus deiner ein Schloss, während ich feststellte, dass du den Wasserhahn in meinem Bad auf warm drehen könntest.

Doch als ich wieder aus dem Bad kam, war niemand da. Die neue Küche war nichtssagend braun, die Schlafzimmerwand war auch meine Wohnzimmerwand, überall standen Ikea-Möbel, und wenn man durch die Wohnung ging, gab der Laminatboden keinen Laut von sich. Ich wunderte mich, wofür wir da gesorgt hatten. Ich wollte mit dir tanzen und weggehen und lernen, allein ich war zu lange damit beschäftigt gewesen, den Wasserhahn zu beobachten.

> Doch wir wollten nicht wahrhaben,
> dass wir nichts Wahres mehr haben.
> Deshalb gingen wir ins kleinste Café am Ort
> und rührten in unseren Tassen.
> Am nächsten Tag saßen wir wieder dort,
> und so ging es weiter, und so ging es fort,
> und wir konnten es einfach nicht lassen.

Gestern Nacht kam sie aus einer anderen Wohnung zu mir.

Sie hatte ihre Handtasche über der Schulter und schaute mich mit verzweifelten Augen an.

»Ich habe keine Energie mehr«, sagt sie leise und fällt in meine Arme.

Ich merke, wie perfekt ihr Kopf an meine Schulter passt.

»Du bist so besonders«, sage ich.

»Da bist du aber der Einzige, dem das wichtig ist«, sagt sie enttäuscht.

Dann löst sie sich und verschwindet ins Bad. Ich stelle ihre Handtasche währenddessen auf die Fensterbank, zwischen Plattenspieler und Streichholzschachtel.

Später sitzen wir am offenen Fenster und ich lese ihr aus dem *Kleinen Prinzen* vor.

– Tu deviens responsable pour toujours de ce que tu as apprivoisé. Tu es responsable de ta rose ...

»Du bist zeitlebens für das verantwortlich, was du dir vertraut gemacht hast. Du bist für deine Rose verantwortlich ...«

»Ich vermisse dich so sehr«, sagt sie.

Und sie sahen sich an und wussten nicht weiter.

Da weinten sie schließlich. Und dann war es vorbei.

Mit bleischweren Händen nehme ich den *Kleinen Prinzen* von meinem Nachttisch, klappe ihn zu und stelle ihn ins Regal.

Anschließend gehe ich ins Bad.

Der Wasserhahn ist auf warm gedreht.

PHILOSOPHIEREN

Wie glücklich mussten sie gewesen sein, diese Jungens,
wenn sie sich so recht unglücklich fühlten; dann sagten sie sich:
»Welch ein Glück! Jetzt kann ein schönes Gedicht entstehen!«
(Jean-Paul Sartre, *Die Wörter*)

sie haben mir ein
doppelzimmer
gebucht
zwei handtücher
zwei zahnputzgläser
zwei lampen
an jeder bettseite
eine
zwei kissen suggerieren möglichkeiten
eine große matratze
auf der
unberührt
eine noch größere decke liegt
diese schweine
haben mir ein
doppelzimmer
gebucht
wissen sie denn nicht
dass du nicht da bist?

Ich werfe eines der Kissen neben das Bett, die Decke schlage ich ein und benutze sie doppelt, zwei warme Schichten, mir ist kalt. Da klingelt mein Handy.

»Hatten wir nicht ausgemacht, dass du Prosa schreibst?«, fragt mein Verleger.

»Ähm«, sage ich.

»Ich meine, wir hatten ausgemacht, dass du Prosa schreibst. Es sollte ein Buch mit Geschichten werden, keine Mischung aus allem Möglichen.«

»Ich habe das jetzt 79 Seiten lang durchgehalten«, versuche ich zu argumentieren.

»Da hat mir Herr Kästner aber was anderes erzählt.«

»Woher weißt du denn bitte überhaupt von meinen lyrischen Ausbrüchen?«

»Ich habe da einen sechsten Sinn. Du bist nicht der Erste, der zu dichten versucht.«

»Das dachte ich mir fast«, sage ich.

»Und das mit dem *Kleinen Prinzen*?«, macht er weiter. »Ist das dein Ernst?«

»Was hast du denn gegen den?«

»Den *Kleinen Prinzen* zu zitieren, ist wie ›Herz‹ auf ›Schmerz‹ zu reimen.«

»›Und fragst du noch, warum dein Herz
Sich bang in deinem Busen klemmt?
Warum ein unerklärter Schmerz
Dir alle Lebensregung hemmt?‹«, sage ich. »Johann fucking Goethe.«[5]

»Ich glaube nicht, dass das sein zweiter Vorname war«, sagt mein Verleger. »Aber mach dir mal keinen allzu großen Kopf. Ansonsten ist es bis hierhin nämlich echt gut.«

5 Goethe, Johann Wolfgang von. 2005 [1808]. Faust. In: *Goethe: Neudruck nach der Weimarer Ausgabe.* Studienkreis, Hg. S. 293-869, hier: 321. Bochum: Studienkreis.

»Oh, danke«, sage ich.

»Also, bitte, reiß dich noch ein paar Wochen zusammen, dann wird es super«, sagt mein Verleger.

»Alles klar. Darf ich jetzt schlafen?«

»Klar, gute Nacht.«

»Gute Nacht«, sage ich. »Und soll ich dir noch ein Geheimnis verraten?«

»Was denn?«

»Man sieht nur mit dem Herzen gut. Das Wesentliche ist für die Augen unsichtbar.«

»Ja«, sagt mein Verleger. »Du mich auch.«

Als ich am anderen Morgen im Zug in die nächste Stadt in Richtung nächstem Auftritt und nächstem Hotel sitze, versuche ich, etwas zu Papier zu bringen, denn ich brauche noch eine Geschichte für die Lesebühne in ein paar Tagen. Mein schon mehrfach gefasster Plan, die neuen Texte tatsächlich im Laufe des Monats zu schreiben, ist zum wiederholten Male nicht wirklich aufgegangen. Ich blättere mein Notizbuch durch und finde einen Eintrag zum Schuhausziehmann. Unwillkürlich muss ich grinsen.

Ich wollte nämlich einmal eine Kurzgeschichte aus Sicht des sogenannten Schuhausziehmannes schreiben. Sie sollte davon handeln, wie ein Mann durch den Zug geht und bei allen schlafenden Mitfahrern die Schnürsenkel öffnet und vorsichtig ihre Schuhe auszieht. Wenn diese dann aufwachen, säßen sie barfuß in ihren Sitzen und wüssten nicht, wie ihnen geschehen ist.

Warum ich diese Geschichte schreiben wollte, weiß ich nicht mehr, ich glaube, ich habe mal geträumt, dass ich im ICE saß und mir mein Gegenüber die Schuhe ausgezogen hat. Vielleicht habe ich auch tatsächlich im ICE gesessen, und mein Gegenüber hat mir nur zu intensiv auf die Schuhe geschaut. Zugegeben, ich habe schöne Schuhe.

Trotzdem frage ich mich, wie ich Angst davor haben kann, dass mir im Schlaf die Schuhe ausgezogen und geraubt werden, aber nicht davor, dass mein Koffer verschwindet oder ich ohne Geldbeutel aufwache. Vielleicht fehlt mir der Blick für die Realität, vielleicht ist es aber auch der Schuhausziehmann in mir, der mich beruhigt. Es würde ihm nämlich nie einfallen, mehr als die Schuhe mitzunehmen, weil es ihm nicht um Diebstahl im herkömmlichen Sinne ginge, sondern um die Tat an sich. Und natürlich um den Spaß.

Man stelle sich eine Situation vor, in der man aufwacht und plötzlich keine Schuhe mehr anhat. Man fühlt den Zug um die Füße, fragt sich, ob man tatsächlich wach ist, und ist dann froh, dass Geldbeutel und Handy noch an angestammter Stelle sind. Man nimmt seinen Koffer von der Ablage und zieht sich das zweite Paar Schuhe an, das man dabeihat. Wenn man kein zweites Paar Schuhe dabeihat, läuft man in Socken den Zug entlang, bis zum Personalabteil, und bittet den dort Dienst habenden Zugbegleiter zunächst, einem zu bestätigen, dass man tatsächlich keine Schuhe mehr trägt, und anschließend, irgendetwas zu tun. Die Situation ist skurril, und natürlich weiß auch der Zugbegleiter nicht, was er tun soll. Fahrgäste ohne Schuhe gibt es ja nicht allzu oft. Vermutlich wird er versuchen, den Beamten im nächsten Bahnhof zu erreichen, und ihn bitten, ein Paar Schuhe aufzutreiben. Wenn er weniger zuvorkommend ist, wird er vermutlich erst einmal hartnäckige Fragen stellen und wissen wollen, wo man sitzt, um dann zu überprüfen, ob die Schuhe tatsächlich gestohlen worden sind. »Warum sollte ich denn ohne Schuhe Zug fahren?«, würde man fragen, und er würde nur brummig antworten: »Wenn Sie wüssten, ohne was die Leute alles Zug fahren.«

Wenn man ihn dann überzeugt hat, dass man momentan tatsächlich keine Schuhe zur Verfügung hat, wird er vermutlich versuchen, den Beamten im nächsten Bahnhof zu erreichen, und ihn bitten, ein Paar Schuhe aufzutreiben. Wenn der nächste Halt nicht gerade Kassel-Wilhelmshöhe ist, sollte das auch kein Problem sein, und beim nächsten Stopp erhält man ein Paar Schuhe. Natürlich keine Hochwertigen, natürlich passen sie nicht zu Anzug oder Pulli, zur Hose, zum Rock. Aber man hat Schuhe, muss nicht mehr frieren und kann sich, wenn man schließlich an seinem Ziel angekommen ist, neue Schuhe kaufen oder ein anderes Paar anziehen. Und man wird trotz des verlorenen Paars Schuhe immer mit einem kleinen Lächeln an den Tag zurückdenken, an dem man im ICE aufgewacht ist und keine Schuhe mehr anhatte. Denn wer kann schon von sich behaupten, dass ihm der Schuhausziehmann im Schlaf die Schuhe geklaut hat.

Würde man hingegen seinen Geldbeutel nicht wiederfinden, wenn man im Zug aus dem Schlaf erwacht, würde man wohl etwas anders reagieren. Man würde zunächst panisch die Umgebung absuchen, in wilden Verrenkungen unter den Tisch und die Sitze kriechen, um nachzusehen, ob er sich irgendwo versteckt hat. Dann noch mal Koffer und Jacke überprüfen, anschließend nochmals alle Hosen- und Handtaschen, die man bei sich führt. Dann läuft man in Schuhen den Zug entlang, bis zum Personalabteil, und bittet den dort Dienst habenden Zugbegleiter, den Zug unverzüglich anzuhalten und die Polizei zu rufen. Das ist natürlich nicht so einfach, der Zug darf nicht auf offener Strecke stehenbleiben, da muss zunächst telefoniert werden. Wie lange man denn geschlafen habe, will der Zugbegleiter wissen, und wenn die Zeitspanne sich über die letzten drei Haltestellen erstreckt, sagt der Mann, dass er nichts mehr für einen tun könne, weil der Dieb mittlerweile über alle Berge ist. Wenn man nur kurz gedöst hat, ist die Frage, wie man es nicht mitbekommen konnte, dass der Geldbeutel gestohlen wurde. Wenn man ihn dann überzeugt hat, dass man einfach kurz die Augen zu hatte und nun tatsächlich der Geldbeutel gestohlen wurde, wird er vermutlich versuchen, den Beamten am nächsten Bahnhof zu erreichen, und ihn bitten, ein paar Polizisten aufzutreiben. Wenn der nächste Halt nicht gerade Kassel-Wilhelmshöhe ist, sollte das auch kein Problem sein, und beim nächsten Stopp kommen ein paar Polizisten. Natürlich keine hochwertigen, natürlich tragen sie nicht Anzug, sondern Pulli, aber sie sind autorisiert, – ja, *was* zu tun? Jeden zu filzen, der den Zug verlassen will? Den ganzen Zug auseinanderzunehmen wegen eines Geldbeutels? Man stelle sich vor, ein ganzer ICE soll nach einem bestimmten Portemonnaie durchsucht werden. Das einzige, was also bleibt, wenn man am Ziel angekommen ist, ist, sich Tage später einen neuen Geldbeutel zu kaufen und so lange die Karten sperren zu lassen. Aber man wird wegen des gestohlenen Geldbeutels immer mit Zorn an den Tag zurückdenken, an dem man im ICE aufgewacht ist und keinen Geldbeutel mehr hatte.

Letzteres wäre somit die deutlich unangenehmere Variante. Es wäre aber auch nicht der Stil des Schuhausziehmannes, zumindest nicht des Schuhausziehmannes, über den ich eine Geschichte schreiben wollte. Den nämlich würde ich jederzeit einem plumpen Dieb vorziehen. Denn wer kann schon von sich behaupten, dass ihm der Schuhausziehmann im Schlaf die Schuhe geklaut hat.

Nach besagtem nächsten Auftritt in besagter nächster Stadt checke ich in besagtes nächstes Hotel ein.

Sie haben mir wieder ein Doppelzimmer gebucht: zwei Handtücher, zwei Zahnputzgläser, zwei Lampen (an jeder Bettseite eine). Zwei Kissen suggerieren Möglichkeiten. Eine große Matratze, auf der – unberührt – eine noch größere Decke liegt. Diese Schweine haben mir ein Doppelzimmer gebucht. Wissen sie denn nicht, dass du nicht da bist?

Ich bekomme eine SMS.

»Geht doch«, steht darin. »Schlaf gut.«

FREUNDSCHAFTEN PFLEGEN

Um leben zu können, muss man mit Menschen zusammen sein …
(Thomas Bernhard, *Jauregg*)

Ich fühle mich in meinem Bett in meiner kleinen, nichtssagenden Laminatbodenwohnung ohne meine Ex-Freundin weiterhin sehr alleine und finde es einfach nur schrecklich, »meine Ex-Freundin« schreiben zu müssen. Deshalb beschließe ich kurzerhand, die letzten schönen Herbsttage nicht in der Stadt, sondern auf der Straße zu verbringen. Ein Roadtrip mit dem alten VW-Bus, so wie ich es aus den vielen Filmen über Roadtrips mit alten VW-Bussen kenne. Ich gehe also ins Internet und suche nach einem alten VW-Bus. Kurz darauf klingle ich bei Felix an der Tür und frage, ob er mir dreitausendfünfhundert Euro leihen/geben kann.

»Wofür brauchst du das denn?«, fragt er.

Ich hatte aus irgendeinem Grund ein »Eher würde ich mit Dr. Bezzubova und Dr. Bezzubov von unter mir einen Erotikfilm drehen, in dem wir zu dritt in einem Whirlpool mit dreitausendfünfhundert Euro in kleinen Scheinen baden!« erwartet und gewinne deshalb etwas an Sicherheit.

»Ich will einen Roadtrip machen mit einem alten VW-Bus, so wie ich es aus den vielen Filmen über Roadtrips mit alten VW-Bussen kenne«, sage ich. »Ganz romantisch.«

Den letzten Satz hätte ich nicht hinzufügen sollen, denn nun verfinstern sich Felix' Augen, und er sagt: »Weißt du, was Romantik eigentlich bedeutet, mein Freund?«

Ich überlege, ob ich es eine Etage tiefer bei Dr. Bezzubova und Dr. Bezzubov versuchen soll, vielleicht stehen die ja auf Roadtrips mit alten VW-Bussen und kitschig-romantischen Naturschauspielen, da hat Felix auch schon eine Jacke an und steht neben mir im Hausflur.

»Du kriegst das Geld«, sagt er. »Aber ich komme mit.«

»Alles klar«, sage ich. »Aber warum ziehst du eine Jacke an? Wir müssen ja erst mal im Internet nach dem alten VW-Bus suchen.«

Wir suchen also im Internet nach dem alten VW-Bus und finden einen schönen alten VW-Bus mit großen, runden Scheinwerfern und vom Verkäufer selbst gelb bemalt. Allerdings nicht leuchtend gelb, sondern eher mattgelb, fast als wolle er nicht auffallen.

»Wo fahren wir überhaupt hin?«, fragt Felix.

»Keine Ahnung«, sage ich.

Da klingelt mein Telefon, und Georg ist dran.

»Ich habe gerade einen Anruf gekriegt«, sagt er aufgeregt.

»Ja, das kenn ich«, sage ich.

Georg und Nadja sind neu bei unserer Lesebühne. Weil Fabian, oder vielmehr seine Frau, tatsächlich ein Kind bekommen hat und er seitdem sehr viele Entschuldigungsmails schreibt und Sacha über andauernde Unlust betreffend seine Person und die Bühne klagt, haben Volker, Felix und ich uns irgendwann ans Telefon gesetzt und zuerst Nadja und dann Georg angerufen, gesagt, dass wir gehört hätten, dass sie ein paar Texte hätten, die gar nicht so scheiße seien, ob sie bei unserer Lesebühne mitmachen wollten, die sei echt voll geil, usw.

»Ich bin ein Kandidat für den Physiknobelpreis und muss übermorgen in Oslo sein«, sagt Georg jetzt.

»Du weißt, dass du nicht alleine reisen darfst«, sage ich.

»Ja«, sagt Georg, »deswegen rufe ich an. Ich will, dass ihr alle mitkommt.«

»Ausgeschlossen!«, schreibt Volker auf ein Blatt Papier, als wir uns später alle zum Reisestrategiemeeting treffen. Er hat ein Schweigegelübde abgelegt, bis der HSV den Tabellenkeller verlassen hat.

»Ach komm«, sagt Felix. »Es geht um Georg.«

»Ich bleibe auch hier«, sagt Sacha. Er liest zwar nicht mehr aktiv, hängt aber immer noch mit uns rum, ein bisschen wie ein ehemaliger Schüler, der an seiner alten Schule abhängt, weil er zwar froh ist, nicht mehr dort hinzumüssen, es aber auch nicht ganz sein lassen kann. Und wegen der Mai Tais des Wirtssohns des Veranstaltungslokals der Lesebühne.

»Das geht nicht, Sacha, ich darf dich nicht aus den Augen lassen«, sagt Felix. Sacha hatte nach der letzten Lesebühne zu viele Mai Tais getrunken, und am nächsten Morgen hatten Dr. Bezzubova und Dr. Bezzubov an Felix' Tür geklingelt und gefragt, ob der seltsame Mann, der vor ihrer Wohnung schlafe, zu ihm gehöre. Felix hatte ihnen versprechen müssen, in Zukunft besser auf Sacha aufzupassen.

»Und ich muss schließlich mit«, sagt Felix. »Schon um Alex zu zeigen, dass es bei einem Roadtrip nichts Romantisches gibt.«

»Krass, Alex, das waren vier Genitive vorhin!«, wirft Nadja ein. Sie ist Georgs persönliche Trainerin. Da sie von Literatur sehr viel, von Physik jedoch rein gar nichts versteht, muss Georg ihr alle Sachverhalte ganz genau erklären und somit jede einzelne Formel wiederholen, die es gibt. Es liegt also nur noch an Volker.

»Nein«, schreibt er.

Da geht Georg auf ihn zu und sagt: »Komm schon. Das ist total wichtig für mich.«

»Georg würde dasselbe für dich tun!«, sagt Nadja.

»Na gut«, schreibt Volker. »Aber ich werde ganz sicher keinen Spaß haben.«

Am darauffolgenden Tag sitzen wir also alle in dem alten, mattgelben VW-Bus und fahren gen Norden. Ich fahre gerne gen Norden, da kann einen die Sonne nicht blenden. Als wir jedoch zwischen Kassel und Hannover im Stau stehen und im Radio nach einem Lied von Mark Knopfler die Meldung kommt, dass der Stau sich bis Oslo zieht, weil alles katastrophal ist, rollen wir auf dem Seitenstreifen bis zur nächsten Ausfahrt und beschließen, dass Georg den Nobelpreis auch noch nächstes Jahr gewinnen kann. Stattdessen richten wir uns nach Osten, Richtung Gebirge, um ein paar Tage in der Wildnis zu verbringen, praktisch als Trainingslager für das nächste Lesebühnenjahr. Wir kaufen in dem letzten Supermarkt vor dem Nichts alles, was man für ein paar Tage Outdoor braucht. Zelte, Ravioli, Zigaretten, Gaskocher, Akustikgitarre, Kanister, Landkarten, Karabiner und so Zeug.

Als wir spätabends im Nichts angekommen sind, sind wir hungrig und wollen etwas essen. Der Gaskocher ist nach fünf Minuten leer, deshalb mache ich mich auf, um Feuerholz zu holen.

»Hast du keine Angst?«, fragt Nadja.

»Nee.«

»Nicht mal, wenn du mitten in der Nacht bei Regenwetter durch den Wald läufst?«

»Nein«, sage ich, »hatte ich irgendwie noch nie. Ich denke mir immer: Wenn in so einer mondlosen Gewitternacht jemand stundenlang im strömenden Regen an diesem abgelegenen Weg auf mich wartet ... – dann hat er es irgendwie auch verdient, mich auszurauben.«

»Freak«, sagt Sacha und mixt sich einen Mai Tai.

»Wo hast du denn den her?«, fragt Georg.

»Hab mir die Zutaten im Supermarkt gekauft.«

Am nächsten Morgen kommen zwei Aussteiger auf uns zu und fragen, ob der seltsame Mann, der vor ihrer Hütte schlafe, zu uns gehöre. Wir überlegen kurz, ob wir uns unwissend stellen sollen, doch dann schöpfen wir etwas Wasser aus dem Bach und wecken Sacha.

»Ist es nicht schön hier?«, frage ich.

»Na ja«, sagt Felix. »Vielleicht, wenn man Caspar David Friedrich mag.«

»Ich mag Caspar David Friedrich«, sagt Nadja.

»Dann findest du es schön hier«, sagt Georg. »Die Faszination der Logik.«

»Kommt, wir erkunden etwas die Gegend«, schlägt Nadja vor.

Wir ziehen uns also an und brechen in Richtung Norden auf. Ich gehe gerne nach Norden, da kann einen die Sonne nicht blenden. Nur Volker trabt in einem Tempo hinterher, bei dem mich mein Vater wohl gefragt hätte, ob ich eine Extraeinladung bräuchte.

»Brauchst du eine Extraeinladung?«, fragt Sacha Volker, und ich bekomme es kurz mit der Angst zu tun.

»Wozu noch erkunden?«, schreibt der auf einen Zettel. »Ich habe alles gesehen, Europapokale, Meisterschaften. Es gibt nichts mehr zu erkunden.«

»Ach komm«, sagt Georg, »so schlimm ist es doch gar nicht.«

»Genau«, sagt Sacha. »Andere Städte haben auch schöne Vereine.«

Wir schlagen uns heldenhaft durch die Wildnis, als wir plötzlich an einem Abhang stehen.

»Volker, willst du als Erster absteigen?«, fragt Nadja.

Felix und ich brechen in schallendes Gelächter aus, Volker nicht. Aber wir scheinen den Bann gebrochen zu haben, denn er beginnt zu sprechen.

»Was soll die Scheiße hier eigentlich?«, fragt er.

»Na ja«, sage ich. »Ich wollte eigentlich einen Roadtrip machen. Und dann so typische Sachen tun, die man bei Roadtrips halt macht. *Sigur Rós* hören, während man in den Sonnenuntergang fährt, rote Bohnen kochen, mit einem weißen Feinrippunterhemd am Feuer sitzen und Lieder von Bob Dylan und Mark Knopfler singen.«

»Die sind ja im Herbst zusammen in München«, sagt Sacha.

»Ja«, sagt Nadja, »aber die Karten sind so teuer.«

»Darum geht's grad nicht«, sagt Volker aufbrausend. »Kannst du mir erklären, warum du *allein* einen beschissenen Roadtrip machen wolltest und wir jetzt alle zusammen hier im Harz hocken?«

»Na ja, ich habe mich so alleine gefühlt in meiner Wohnung und hatte auch nicht genug Geld, also brauchte ich eine Situation, in der ihr alle mitkommt«, sage ich, den Tränen nahe. »Dann habe ich *Little Miss Sunshine* angeschaut und wollte das adaptieren, das war mir aber irgendwann zu langatmig, und deshalb dachte ich, machen wir einen Abenteuerurlaub draus.«

»In Sachsen-Anhalt?!«, fragt Volker sehr laut.

»Irgendwo mussten wir doch von der Autobahn«, schluchze ich.

»Ist ja gut«, sagt Georg. »Ich finde es eigentlich ganz schön hier. Schau doch, wie die Sonne untergeht.«

»Ja«, sagt Felix und beginnt, auf der Gitarre zu klimpern.

»Also ich mag es«, sagt Sacha und macht eine Dose rote Bohnen auf, während sich Nadja ihr weißes Feinrippunterhemd anzieht.

»Na gut«, sagt Volker besänftigt, »dann bleiben wir eben hier. Vielleicht wird es doch noch ein gemütlicher Abend des Zusammensitzens.«

»Alles klar«, sage ich, wische mir die Tränen ab und verschwinde im Wald, um Feuerholz zu holen.

LASAGNE

> *No wonder they cannot appreciate the really central Kafka joke:*
> *that the horrific struggle to establish a human self results in a self*
> *whose humanity is inseparable from that horrific struggle. That our*
> *endless and impossible journey toward home is in fact our home.*
>
> (David Foster Wallace, *Some Remarks on Kafka's Funniness*
> *from Which Probably Not Enough Has Been Removed*)

Vor einigen Wochen war ich mal wieder bei mir zu Hause.
Also nicht zu Hause, aber da, wo ich herkomme. Ich finde es
immer lustig, welche Orte von verschiedenen Leuten als »Zuhause« bezeichnet werden. Wenn meine Kommilitonen sagen: »Ich fahre am Wochenende nach Hause«, dann meinen
sie das oberbayerische oder unterfränkische Kaff, in dem sie
aufgewachsen sind. Wenn ich »zu Hause« sage, meine ich seit
einiger Zeit meine Wohnung in München. Ich finde, ein Raum,
für den man monatlich gefühlt mehr Miete zahlt, als man in
seiner gesamten Schulzeit Taschengeld bekommen hat, hat ein
Zuhause zu sein.

Wie dem auch sei, ich war also mal wieder zu Hause, also
in dem anderen Zuhause, meinem Zuhause als Kind. Meine
größte Schwester, die wirklich sehr cool ist und seit Monaten
in einem Text erwähnt werden will (und ebenfalls in München
wohnt), war an diesem Wochenende zufällig auch mal wieder zu

Hause, und damit meine ich, getreu meinen Kommilitonen, das Allgäuer Kaff, in dem wir aufgewachsen sind.

Als ich dort am Sonntagnachmittag in den Kühlschrank schaue, entdecke ich noch eine Portion von der unglaublich guten Lasagne, die wir am Vortag gegessen haben. Früher wäre das kein Problem gewesen, ich hätte meine drei Schwestern versammelt, wir hätten ein Schnick-Schnack-Schnuck-Turnier veranstaltet, im K.-o.-System und mit Best-of-5. Eine meiner Schwestern hätte die Lasagne gewonnen und gesagt, dass sie gar keine Lasagne gewollt hätte und auch nicht genau wisse, warum man sie jetzt von den Hausaufgaben oder dem Puppenhaus weggerissen und zu einem Schnick-Schnack-Schnuck-Turnier gezwungen hätte. Am Ende habe ich meistens die Lasagne bekommen, weil ich schon immer gut reden konnte und weil ich meistens der Einzige war, der sie wollte.

Als ich nun jedoch am Sonntagnachmittag in den Kühlschrank schaue und eine Portion dieser unglaublich guten Lasagne entdecke, die wir am Vortag gegessen haben, weiß ich nicht, was ich tun soll. Meine mittlere Schwester übernachtet seit geraumer Zeit fast die gesamte Woche bei ihrem Freund im Nachbarort, und meine kleinste Schwester schläft seit geraumer Zeit an Wochenenden bis mindestens Sonntagabend. Ich rufe also den Namen meiner ältesten Schwester lautstark durch das komplette Haus, wie ich es als Kind gelernt habe. Als keine Antwort kommt, zücke ich mein Handy und wähle ihre Nummer.

»Kathi, es ist noch Lasagne da, du weißt, was das bedeutet«, sage ich, als sie abnimmt.

»Stein«, sagt sie, weil sie weiß, dass *ich* mal gehört habe, dass Männer anfangs sehr oft Stein machten und man sie somit besiegen könne, wenn man Papier machte. Dieses Wissen als allgemein bekannt voraussetzend, beginne ich dann immer mit Schere, um meinem Gegner hinterrücks die selbige in sein psychologisches Papier zu rammen.

»Stein«, wiederholt sie also.

»So geht das nicht«, sage ich. »Wir müssen das gleichzeitig machen.« Das versuchen wir einige Male, doch es funktioniert nicht wirklich. Entweder sagt einer perfide gar nichts oder man kann es nicht richtig verstehen, weil es ein unverständliches Durcheinander ist, wenn wir beide gleichzeitig sprechen, woraufhin der Unterlegene stets darauf beharrt, doch etwas ganz anderes gesagt zu haben.

»So kommen wir nicht weiter«, sagt sie. »Wie wär's, wenn wir beide gleichzeitig eine SMS schicken, in der das Wort steht, dann sehen wir an der Eingangszeit, ob es wirklich genau parallel war?«

Wir legen also auf und tippen unser Wort ins Handy. Ich bekomme wenig später eine SMS, in der »Schere« steht, in meiner ist das Wort »Stein« zu lesen.

»Ha, gewonnen!«, triumphiere ich, als ich sie anschließend wieder anrufe.

»Du hast doch gewartet, bis meine da war«, sagt sie.

»Stimmt doch gar nicht!«

»Beweis es. In meinem Posteingang steht 15:19 Uhr. Das ist nicht gerade genau.«

»Okay, wir könnten beide auf *www.weltzeituhr.com* gehen und exakt um 15:25:00 Uhr eine E-Mail losschicken«, schlage ich vor.

»Am fairsten wäre es wohl, wenn wir uns einen Brief schicken würden«, meint sie. »Da steht der Eingangsstempel, und am nächsten Tag ist er da.«

»Du könntest dich in die Postfiliale schleichen und meinen schon durchleuchten«, sage ich.

»Okay, was hältst du davon: Wir mieten beide ein Flugzeug und lassen es das jeweilige Wort gleichzeitig an den Himmel schreiben«, sagt sie. »Stell dir mal vor, da steht auf einmal irgendwo ›Schere‹ und ›Papier‹ oben am Himmel, und unten im Dorf hört man jemanden euphorisch ›JA!‹ schreien.«

»Das Problem ist, dass beide Piloten wieder exakt dieselbe Uhrzeit haben müssten«, sage ich. »Sonst fängt einer 'ne Sekunde früher an, ich erkenne das vom Boden aus und funk meinem Dude noch schnell 'ne Planänderung in die Wolken.«

»Wenn da Wolken sind, sieht man die Wörter eh nicht mehr richtig«, sagt meine Schwester. »Und seit wann benutzt du ›Dude‹?«

»Wir machen es folgendermaßen«, sage ich. »Wir gehen auf Facebook ...«

»Alex, check's doch! Es ist unmöglich, ein faires Lasagnen-Schnick-Schnack-Schnuck hinzukriegen, wenn man sich nicht gegenübersteht.«

»Ja«, sage ich, »du hast ja recht. Wo bist du überhaupt?«

»Ich hab doch gesagt, dass ich am Vormittag schon wieder nach Hause fahre. Ich muss noch Unizeug machen.«

»Du bist in München?!«, frage ich fassungslos. »Und ich spiel hier 'ne halbe Stunde Schnick-Schnack-Schnuck mit dir? Warum hast du das nicht gleich gesagt?«

»Ich habe es vermisst, mit dir um Essen zu spielen«, sagt sie und klingt auf einmal sehr zufrieden.

»Wenn es denn dazu gekommen wäre«, sage ich resigniert und stelle die Lasagne in die Mikrowelle.

»War schön, dich mal wiederzusehen«, sagt meine Schwester. »Schade, dass wir es zu Hause eher schaffen als in München.«

»Hä? Wo ist denn jetzt für dich eigentlich ›zu Hause‹?«

»Ich glaube, überall da, wo es Menschen gibt, die mir wichtig sind«, sagt sie. Im Hintergrund höre ich ihren Freund rufen.

»Mach's gut«, sage ich. »Meine Lasagne ist fertig.«

»Guten Appetit«, sagt sie und legt auf.

Da kommt meine kleinste Schwester in die Küche.

»Na, auch schon wach?«, frage ich.

»Haha, das fragt Papa auch immer. Rieche ich da Lasagne?«

»Das ist meine!«, sage ich.

Ihre verschlafenen Augen werden auf einmal sehr klar, sie stellt sich mir gegenüber, sagt »Best-of-5«, schlägt mich drei zu null und nimmt sich die dampfende Lasagne aus der piependen Mikrowelle.

»Was?«, sagt sie, als sie meinen entrüsteten Blick sieht. »Ich bin hier zu Hause.«

»Ich auch«, sage ich und lächle. »Guten Appetit.«

 **-BEINIGE HUNDE AUSFÜHREN**

Jene notwendige Gegenwart, die für den Hund der Mensch und für den Menschen der Hund bedeutet, gab keiner von beiden jemals preis.

(Italo Calvino, *Der Baron auf den Bäumen*)

Ich hasse es, wenn Leute auf der Bühne stehen und einen Text über ihre Katze vorlesen, wie süß die ist, wenn sie ihr ekliges Futter frisst, das kotzt mich an. Oder Kinder, wie süß die sind, wenn sie ihr ekliges Futter fressen, widerlich ist das.

Ich dagegen habe einen Hund. Der ist total süß, hat leichte X-Beine, und wenn er sein Futter frisst, hört sich das an, als würden Autoreifen in einem regelmäßig stockenden Rhythmus über einen Kiesweg fahren.

Wenn man sich frühmorgens räkelt, die Arme und Beine weit von sich streckt, hört man ein Geräusch, das klingt, als würde man Luftpolsterfolie zerplatzen lassen. Oder als würden verhornte Krallen eines Hundefußes auf dem Boden aufsetzen. Einige Momente später spürt man etwas Kühles, Feuchtes am Ohr, man kann die Freude der Hundeschnauze über das eigene Erwachen noch nicht ganz teilen, streicht dem zugehörigen Hund einige Male fahrig und verschlafen über den Rücken, um sich anschließend noch einmal zur Wand zu drehen. Dann hört man ein Geräusch, das klingt, als würde man ungeübt auf einer der ersten elektrischen Commodore-Schreibmaschinen tippen. Oder als würden sich verhornte Krallen eines Hundefußes wieder vom Bett entfernen, um einige Momente später die Couch zu entern, wo sie es sich unter der feuchten Schnauze des sich mit einem unwilligen Seufzer niederlassenden Hundekörpers bequem machen und darauf warten, dass man sich etwas später morgens erneut räkelt.

Später gehen wir zum ersten Mal raus. Zwei Frauen laufen an uns vorbei.

»Oh, ist der süß«, höre ich die eine zur anderen sagen.

Ich lächle.

»Ist da ein Schäfer mit drin?«, fragt jemand.

Ich lächle.

»Nein«, sage ich ruhig. »Aussi-Husky-Mix. Aber Sie haben recht, er sieht schon ein bisschen nach Schäferhund aus.«

Der Schwabinger See ist ein künstlich angelegter See zwischen Leopoldstraße und Ungererstraße. Er ist voller Enten und Gänse und Kinder. Auch einen Schwan gibt es, den alle sehr schön finden, dessen Charakter man bei näherer Beobachtung seines Verhaltens jedoch als zweifelhaft einstufen muss. Meistens läuft man gegen den Uhrzeigersinn um den See, was vielleicht daran liegt, dass man Rechtshänder ist und deshalb das linksgerichtete Gehen angenehmer findet. Solche Gedanken kommen einem, noch etwas müde schlurfend, die frische Luft aber gierig aufsaugend, während der Hund seine eigenen frühmorgendlichen Wege geht, prüft, welche Gerüche sich über Nacht signifikant verändert haben, und diese seinerseits signifikant verändert. Es gibt viele Leute, die erstaunt sind, wenn ein großer Hund, noch dazu mit erstblicklicher Ähnlichkeit mit einem Schäferhund, ohne Leine läuft und dann auch noch hört. Manchmal ist man dann versucht, böse Kommentare abzugeben, wenn eine ältere Dame zum Beispiel erstaunt feststellt, dass der Hund auf das eigene Pfeifen hin ja tatsächlich komme. »Ja«, ist man manchmal versucht zu sagen, »aber nur, weil ich genau einmal gepfiffen habe. Bei zwei Pfiffen hätte er noch irgendwo haltgemacht und ein paar Schulkinder gerissen.« Wenn man aber nicht allzu schlecht geschlafen hat, ist man nicht versucht, nickt nur lächelnd und ist stolz auf den Hund und sich selbst, schließlich war das ja indirekt auch ein Lob ob des folgsamen Tieres. Wenn man nach zwanzig Minuten wieder nach Hause kommt, füllt man die Wasserschüssel auf und stellt dem Hund eine halbe Schale mit Futter hin, die so lange unberührt bleibt, bis man sich erbarmt und eine halbe Handvoll Wasser darüber träufelt, damit das Trockenfutter etwas aufgeweicht wird. Was tut man nicht alles, denkt man sich und nimmt sich für gewöhnlich vor, das nicht zur Gewohnheit werden zu lassen.

Später gehen wir zum zweiten Mal raus. Zwei Frauen laufen an uns vorbei.

»Oh, ist der süß«, höre ich die eine zur anderen sagen.

Ich lächle.

»Ist das ein Schäfer-Mix?«, fragt jemand.

Ich lächle.

»Nein«, sage ich ruhig. »Aussi und Husky. Aber Sie haben recht, er sieht schon ein bisschen nach Schäferhund aus.«

Die Mittagsrunde ist meistens die größte des Tages. Man läuft an der Potsdamer Straße entlang, dann an der Dietlindenstraße, dann kommt links der Park, der direkt an den Studentenwohnungen liegt, in denen die hübsche Studentin wohnt, in die man ein bisschen verliebt ist. Man verlangsamt seinen Schritt und läuft den Weg sehr elegant weiter, schließlich könnte sie einen vom Balkon aus sehen, dann rechts die Mannlichstraße runter, am Altenheim vorbei, wo man von einer alten Dame einmal Hundewurst bekommen hat, für den Hund, wie einem dazu gesagt wurde. Dann noch kurz die Mommsenstraße entlang und über die kleine Holzbrücke in den Englischen Garten, insgesamt gute zehn Minuten Weg, die gespickt sind mit ausgelassener Vorfreude seitens des Hundes, während man selbst immer die Augen offen hält. Ein Hund hilft einem in gewisser Weise, aufmerksam durch die Welt zu gehen. Ist man dann im Englischen Garten, gibt es kein Halten mehr. Er sehe so süß aus, wenn er, nahezu bockspringend, über die Wiese laufe, wird einem gesagt. Und dass der Stock sehr groß sei, ob der Hund schon Brennholz für den Winter sammle? Man beschließt innerlich, dem nächsten Passanten, der diese Frage stellt, zur Belohnung für seine Kreativität ein Leckerli zuzuwerfen, aber man verwirft den bösen Plan angesichts des fröhlich tobenden Tieres. Der Stock wird den gesamten Spaziergang mit stolz wedelndem Schweif umhergetragen, selbst beim an schönen Tagen obligatorischen Bad in einem der Bäche. Erst wenn der Hund nass ist und das Wasser aus dem dann komplett anliegenden Fell trieft, merkt man, wie schlank er eigentlich ist. Er schüttelt sich, wobei er mit der Nase beginnt und es dann langsam jeden Teil seines sportlichen Körpers durchzuckt, bis auch die Schwanzspitze von den größten Wassertropfen befreit ist. Dann läuft er, den Stock im Maul, mit erhobenem Kopf voraus. In einigem Sicherheitsabstand wartet er anschließend, wie der auf Zeit spielende Fußballtorwart eines knapp führenden Teams in der Nachspielzeit, den Stock zwischen seinen Vorderpfoten, bis man nah genug herangekommen ist, um ihn dann im letzten Moment aufzuheben und an einem vorbei unter lautem Kläffen wegzurennen. Wenn er sich dann noch im frischen Gras unter wohligem Grunzen rücklings trocken wälzt, hat man keine Chance mehr, ihn nicht zu bewundern, und muss doch Herrchen bleiben, wenn man sich nach mehrfacher Wiederholung der beschriebenen Rituale wieder auf den Rückweg macht und den Hund mit einem fast geflüsterten »Halt« an der Straßenkreuzung zum Stehen bringt.

Später gehen wir zum dritten Mal raus. Zwei Frauen laufen an uns vorbei.

»Oh, ist der süß«, höre ich die eine zur anderen sagen.
Ich lächle.
»Ist das ein reinrassiger Schäfer?«, fragt jemand.
Ich lächle.
»Nein«, sage ich ruhig. »Aussi-Husky-Mix. Aber Sie haben recht, er sieht schon ein bisschen nach Schäferhund aus.«

Die Spätnachmittagsrunde findet, wenn man Glück hat, im warmen Licht der untergehenden Sonne statt. Kurz um den See, zwischen Uni-Arbeit und Abendessen, meistens kommt der Nachbarhund samt Nachbar mit, was den eigenen Hund zu herzzerreißenden Fiepslauten vor der Nachbartüre inspiriert. Die beiden Hunde haben die Angewohnheit, im Hausflur, wenn der Nachbarhund noch an der Leine ist, zu spielen, als gäbe es kein Morgen mehr, draußen jedoch meist getrennte Welten zu erkunden, unterbrochen nur von kurzen Eifersuchtsanfällen, wenn der andere Hund mit einem Dritten zu spielen droht. Hat man ab und zu beide Hunde bei sich zu Hause, zum Beispiel weil der Nachbar noch in der Uni ist, trippelt der Nachbarhund einige Momente unruhig umher, bevor er dann, er ist deutlich kleiner als der Eigene, mit seiner rechten Vorderpfote beginnt, den Hund stupsend zum Spielen zu animieren. Es braucht meist ein paar Minuten, bis dieser das Angebot annimmt; er macht sich, ganz das Herrchen, ein bisschen wichtig, bevor er schließlich einwilligt und sich seitwärts auf den Boden fallen lässt, um unter wohligen Brummlauten die freundschaftlichen Angriffe des Nachbarhundes abzuwehren. Ist der Nachbarhund nicht da, wird die Zeit meistens damit genutzt, einem selbst ein schlechtes

Gewissen einzuschauen, weil man tatsächlich schon seit hundertmillionentausend Minuten nicht mehr mit ihm draußen war, unter Geräuschen, die an sehr schnelle, bestimmte Schritte durch frisch gefallenen Pappschnee erinnern, seine zweite Mahlzeit einzunehmen oder sich, an die Wand gelehnt, auf den Rücken zu drehen, die Pfoten anzuziehen, und mit ausgebreiteten Hinterbeinen auf eine Art zu schlafen, wie es der Dude in *The Big Lebowski* wohl tun würde, wenn er ein Hund wäre.

Abends gehen wir zum letzten Mal raus. Zwei Frauen laufen an uns vorbei.

»Oh, ist der süß«, höre ich die eine zur anderen sagen.

Ich lächle.

»Ist das ein Mischling?«, fragt jemand.

»Deine Mutter ist ein Mischling«, möchte ich gerne sagen.

Ich lächle.

»Nein«, sage ich. »Reinrassiger Schäferhund.«

Die Abendrunde kann man sehr gut mit einem Abstecher ins *Rationaltheater* verbinden. Im *Rationaltheater* kann man sehr gut einfach nur sein. Das *Rationaltheater* ist sozusagen das Berlin des Münchners. Man trinkt und kickert und redet, und irgendwann nähert sich eine Frau dem Hund und fängt an, ihn zu streicheln. Na toll, denkt man dann, nie passiert mir das. Man kommt trotzdem ins Gespräch, und nach einigen Minuten hat man jemanden, der gerne mal den Hund nimmt, wenn man nicht in der Stadt ist. Er macht das schon unglaublich clever. Die Augen seien es, wird einem gesagt, und man denkt, na toll, nie findet jemand meine Augen schön, aber dann freut man sich, weil man einen so tollen Hund mit so tollen Augen hat.

Manchmal wird man aber auch gefragt, warum man als Student überhaupt alleine einen Hund habe und ob das nicht sehr einschränke. Doch, ist man dann versucht zu denken, doch, ja, manchmal schränkt das extrem ein. Aber so lange der Hund sich jemanden anlächelt, der auf ihn aufpassen möchte, kann man manchmal auch wegfahren. Und später, antwortet man auf die Frage nach dem Später, bleibe einem wohl nichts anderes übrig, als Künstler zu werden, tagsüber zu Hause schreiben, abends, wenn der Hund sowieso längst ins zuckende, leise kläffende Traumland eingezogen ist, arbeiten oder auftreten, allein schon des Hundes wegen, das ist praktisch, denkt man sich, muss ich schon mal nicht ins Büro. Und wenn einen die Leute dann ungläubig anschauen und man nicht weiß, was sie von einem halten, denkt man einfach an den Tag, an dem man samt Hund an der Ampel stand und neben einem ein kleiner Junge an der Hand seiner Mutter, der den Hund anschaute und anschließend im Brustton der Überzeugung zu ihr sagte: »Der heißt bestimmt Kuschelbär!« Oder an den Tag, an dem man auf der Seerunde vom Todesgewitter des Todes überrascht wurde, das den Pleonasmus nicht zuletzt deshalb sehr verdient hat, weil man innerhalb von zwei Minuten völlig durchnässt und von Blitzen umzuckt war, und dann, Seite an Seite mit dem zuerst noch begeistert und durch die Pfützen springenden Hund durch den Hagel nach Hause gesprintet ist, vor der Wohnungstür, nachdem man die nassen Kleider ausgezogen hat, zehn Minuten lang nur in Boxershorts den durchtränkten, dünnen, freudigen Hund mit einem Handtuch trocken gerubbelt und sich gewünscht hat, dass er für immer nass bleiben würde, damit man ihn für immer trocken rubbeln könnte, weil dieser Moment mitten im Chaos des Lebens ein so sicherer und vertrauter war.

»Ich muss jetzt leider gehen«, sage ich, als ich keine Lust mehr auf das *Rationaltheater* habe. »Der Hund wartet daheim.«

»Den Hund hast du dabei«, sagt jemand.

»Verdammt«, sage ich. Normalerweise ist das immer die perfekte Ausrede.

Als wir uns dann irgendwann doch auf den Heimweg machen dürfen, laufen zwei Frauen an uns vorbei.

»Oh, ist der süß«, höre ich die eine zur anderen sagen.

»Ja«, antworte ich, »aber der Hund ist auch ganz hübsch.«

Wenn man sich spätabends ins Bett legt, sich eine bequeme Schlafposition sucht und schließlich unter der Decke zur Ruhe kommt, hört man ein Geräusch, das klingt, als würde es gerade eben anfangen, dick platschend in einen See zu regnen. Oder als würde sich eine lange Hundezunge noch ein letztes Mal an diesem Tag in die Wasserschüssel senken und den Inhalt in den müden Hund befördern. Das ist sehr beruhigend, fast wie wenn die Eltern früher im Nebenzimmer noch leise geredet oder gespült haben, während man selbst schon im Bett lag. Irgendwann dreht man sich endgültig zur Wand, um zu schlafen. Dann hört man ein Geräusch, das klingt, als würde man ungeübt auf einer der ersten elektrischen Commodore-Schreibmaschinen tippen. Oder als würden sich verhornte Krallen eines Hundefußes langsam von der Schüssel entfernen, um einige Momente später die Couch zu entern, wo sie es sich unter der feuchten Schnauze des sich mit einem wohligen Seufzer niederlassenden Hundekörpers bequem machen und vorfreudig darauf warten, dass man sich früh am nächsten Morgen wieder räkelt.

 UELLENANALYSEN

ich sage:
alles
ist eine frage der wortwahl
(Sigubjörg Thrastardóttir, *Fackelzüge*)

Ich sitze in der Tram zum Max-Weber-Platz, als eine Gruppe Schuljungen einsteigt und sich auf die Plätze um mich herum verteilt.

Das ist meistens so, die Tram oder die U-Bahn fährt an der Station sehr langsam, damit ich es auch wirklich mitbekomme, an ungefähr zwanzig hübschen Frauen vorbei, und wenn sie dann hält, steigen an meiner Tür Menschen ein, die von hübschen Frauen weitestmöglich entfernt sind.

»Hey, kennt ihr den schon?«, fragt der Junge, der hinter mir sitzt, die anderen Jungen, die hinter mir sitzen.

»Klar«, sagen die anderen Jungen, die hinter mir sitzen, zu dem Jungen, der hinter mir sitzt.

»Das kann nicht sein, der ist ganz neu«, sagt der Junge, d. h. m. s.

»Erzähl!«, rufen die anderen J., die hinter mir sitzen.

»Also, Fritzchen hat einen Apfel«, sagt der J., d. h. m. s. Ich bin erstaunt und begeistert, dass niemand »Deine Mutter hat 'nen Apfel!« schreit, aber vielleicht sind sie dazu noch zu jung. Fritzchen scheint es ihnen jedenfalls angetan zu haben. »Und dann kommt der Paul und nimmt ihm den weg.«

»Den kenn ich«, sagt ein anderer Junge: »Und dann ...«

»... dann sagt Fritzchen: ›Hey, gib mir meinen Apfel wieder, du Birne, sonst ...‹«

»Nee, der geht anders«, unterbricht ein anderer J.

»›Hey, gib mir meinen Apfel, sonst kriegst du was auf die Birne!‹«, sagt ein weiterer Junge und lacht laut.

»Nein«, sagen die anderen J., »da muss noch Pflaume rein.«

»›Gib mir meinen Apfel, du Pflaume, sonst ...‹«, versucht es der erste Junge, d. h. m. s., noch mal, aber er scheint nicht mehr viel zu sagen zu haben.

»›Gib mir meinen Apfel, du Zwetschge!‹«, meldet sich ein weiterer Junge aus dem Pulk zu Wort. Ich frage mich, wem der erste Junge den Witz überhaupt erzählen wollte.

»Ich glaub, der ging so«, sagt ein weiterer: »Fritzchen hat eine Banane und will 'nen Apfel, und er sagt ...«

»Nein, einen Apfel hat er«, sagt der erste. »Fritzchen hat einen Apfel, und Paul nimmt ihm den weg.«

»Nee, nicht Paul«, macht ein neuer ein ebensolches Fass auf.

»Doch, Paul!«, sagt ein anderer Junge, der hinter mir sitzt. »Und Fritzchen sagt: ›Gib mir meine Banane wieder, du Kiwi, sonst kriegst du was auf die Birne!‹«

»Das macht doch keinen Sinn«, sagt der erste Junge, d. h. m. s. »Wieso denn ›du Kiwi‹?«

»Oder Orange«, sagt der andere Junge. Sie scheinen ihr Obst allesamt bei unterschiedlichen Quellen zu beziehen. Zumindest ernähren sie sich offensichtlich gesund.

»Nee, Apfel, Mann!« Irgendwie hört es sich jedes Mal so an, als würde alles immer von mindestens zwei J., d. h. m. s., gleichzeitig gesagt.

»Hä? ›Gib mir meine Banane wieder, du Apfel‹?« fragt der nächste.

»Er hatte schon immer einen Apfel«, sagt der erste Junge etwas verzweifelt.

»Ich dachte, er hat keinen und will einen«, sagt der andere Junge.

»Ja, Paul hat ihm den Apfel weggenommen, und den will er wieder«, sagt der erste Junge.

»Und Fritzchen sagt: ›Hey, gib mir meinen Apfel wieder, du Zwetschge, sonst ...‹«

»Das war nicht Paul!«, sagt der Junge von vorhin noch mal.

»Ist doch egal, wer das war!«, sagt der andere Junge. »Fritzchen sagt jedenfalls: ›Hey, gib mir meinen Apfel, du Banane ...‹«

»Nicht Banane, Zwetschge.«

»Pflaume, Mann!«, sagen mehrere J. auf einmal.

Ich starte meinen eigenen Versuch: Gib mich die Kirsche, du Mango, sonst kriegst du was auf die Litschi.

»Fritzchen sagt: ›Hey, gib mir meinen Apfel zurück, du Pflaume, sonst kriegst du was auf die Nuss!‹«, sagt ein Junge.

»Birne«, sagt der erste, »auf die Birne.«

»Also, Fritzchen sagt: ›Hey, gib mir meinen Apfel zurück, du Pflaume, sonst kriegst du was auf die Birne!‹«, sagt ein Junge.

»Ich glaube, so ist es richtig«, sage ich.

NICHTS

Als mich damals die Lust überkam, mich auf mein Bett zu legen,
wusste ich wirklich nicht, wohin das führen würde.

(Martin Walser, *Ein Flugzeug über dem Haus*)

Der neonblau leuchtende Namenszug des Hotels gegenüber
gibt mir immer das Gefühl, in einem Penthouse in New York zu
wohnen. Von allen Menschen, die nachts in meiner mittlerweile
wirklich schön eingerichteten Wohnung waren – einer Zahl, die
man an den Fingern mehrerer Hände ablesen könnte –, haben
dieser Ansicht nur sehr wenige zugestimmt – eine Zahl, die man
ebenfalls an den Fingern mehrerer Hände ablesen könnte, denn
sie ist ja notwendigerweise kleiner als die erste Zahl, und es sagt
ja in beiden Fällen niemand, dass man sämtliche einem zur Verfügung stehenden Finger an sämtlichen einem zur Verfügung
stehenden Händen benutzen muss.

Der Schriftzug jedenfalls leuchtet von der anderen Straßen-
seite aus angenehm unauffällig genau in mein Fenster. Letzteres
steht offen, denn mein Kopf braucht frische Luft, der ganze Tag
hat sich angefühlt wie eine Regionalzugfahrt an einem Freitag-
nachmittag, die Zähigkeit, mit der sich meine Antriebslosigkeit
gehalten hat, gleicht der eines BAföG-Sachbearbeiters, der noch
meine Immatrikulationsbescheinigung braucht und eine Kopie
meiner Einkommenssteuererklärung und eine Einkunftsaus-

kunft durch meinen Arbeitgeber und andere Dinge, die offenbar nur durch sehr lange, zähe Worte ausgedrückt werden können.

Es gibt Tage, an denen die Postkarte über meinem Bett, die behauptet, dass es Jahrtausende gäbe, die man lieber vollständig in selbigem verbringe, zu stimmen scheint. Und es gibt wenig Grausameres, als bereits nach wenigen Minuten des Wachseins zu wissen, dass heute genau ein solches Jahrtausend beginnt und man definitiv nichts tun wird. Außer vielleicht wenn an solchen Tagen auch noch die Sonne vom Himmel strahlt wie ich auf dem Foto von mir als Sechsjährigem, auf dem ich, beinahe platzend vor Stolz, meine Elefantenschultüte präsentiere. Und außer Krieg. Nicht mal mein Back-Up Weck-Up, wie ich meinen zweiten Alarm liebevoll nenne, konnte mich wirklich wach bekommen. Und obwohl ich dadurch besonders lang geschlafen habe, hat mir über Nacht niemand eine schöne SMS geschrieben. Ich weiß nicht, ob es damit zu tun hat, dass mein Tagesplan zu großen Teilen aus Uni-Arbeit besteht, aber mein Körper und mein Inneres widerstreben der Idee effektiven Arbeitens wie ein BAföG-Sachbearbeiter über meiner Akte. Der Körper ist lethargisch, doch der Geist ist schwach.

Ich bin dann vorsichtshalber erst einmal mit dem Hund rausgegangen. Unterwegs habe ich mir überlegt, dass es doch gar nicht so schwer sein kann, zehn Seiten mit Hintergrundinformationen zu Hamsun und Strindberg zu füllen, dass ich das mit links schaffe und anschließend ja schon echt viel geschafft hätte. Doch als ich die Wohnung wieder betreten habe, hat der BAföG-Sachbearbeiter noch die Immatrikulationsbescheinigung meiner Schwester angefordert. Im übertragenen Sinne. Ich habe mich aufs Sofa fallen lassen und diese Anfrage erst einmal auskuriert. Immer muss man so viel erledigen, bevor man sich an die Magisterarbeit setzen kann. Ich muss ja auch noch duschen, frühstücken, E-Mails checken, die Wohnung saugen, das Bücherregal nach Größe der Buchstaben auf den Buchrücken ordnen und den Drucker auf dem Schreibtisch so ausrichten, dass er den gleichen Abstand zur hinteren wie zur Seitenkante hat. Nicht einmal die vor zwei Wochen in weiser Voraussicht aufgehobene Luftpolsterfolie vermochte meine Stimmung zu steigern. Irgendwann bin ich dazu übergegangen, mich bei Facebook bewusst auszuloggen, damit ich jedes Mal wieder E-Mail-Adresse und Passwort eingeben muss, wenn ich auf die Seite will. Auf dass es mich irgendwann zu sehr nerve und ich etwas Sinnvolles am Laptop tue. Wie wenn man den Geldbeutel mit dem Fahrschein und der Bahncard in der Jacke auf der Ablage verstaut, obwohl man genau weiß, dass bei der Deutschen Bahn alle fünf Minuten ein Personalwechsel stattfindet und man dann beides wieder vorzeigen muss. Das hat kurz Wirkung gezeigt, doch dann hat es mich zwar zu sehr genervt, – allerdings habe ich den Geldbeutel daraufhin einfach in das Netz vor meinem Sitz gesteckt respektive mich nicht mehr jedes Mal ausgeloggt, sodass man die Anzahl meiner Klicks auf dieser Seite am heutigen Tage locker an den Fingern mehrerer Hände abzählen könnte.

Ich bin dann vorsichtshalber noch einmal mit dem Hund raus, damit er mich später nicht mehr stört, weil er rausmuss, wenn ich dann bald zu arbeiten angefangen hätte und richtig drin wäre. Unterwegs habe ich mir überlegt, dass es jetzt doch gar nicht so schwer sein kann, drei, vier Seiten mit Hintergrundinformationen zu Hamsun zu füllen, und dass ich das mit links schaffe und dann morgen nur noch Strindberg machen müsste und anschließend ja schon echt viel geschafft hätte. Doch in dem Moment, in dem ich die Wohnung wieder betreten habe, hat der BAföG-Sachbearbeiter noch die Immatrikulationsbescheinigung meiner Schwester angefordert. Im wörtlichen Sinne. Ich habe sie also angerufen, und sie hat gemeint, dass sie sich darum kümmere, sobald sie die dritte Staffel von *Breaking Bad* zu Ende geschaut habe. Ich habe dann erst einmal Mittag gegessen, mich vorübergehend aus meinem Mailprogramm ausgeloggt, gespült und mich irgendwann dabei erwischt, wie ich mit einem Blick vor dem Laptop saß, wie ihn Strindberg in seiner Inferno-Krise gehabt haben mochte.

Dann ist mir aufgefallen, dass, wenn man eine kleine Wohnung hat, das Bett sehr groß wirkt. Wie ein Wüstenauto in einer Parklücke oder ein Fußballfeld in einem Stadion oder eine Kinoleinwand vor einer Kinorückwand – ich glaube, man kann mir folgen. Wie einem Touristenführer am Marienplatz oder einem B-Promi auf Twitter oder einem, nun ja, Kinofilm auf einer Kinoleinwand.

Es muss diese nahezu pantheistische Allgegenwart des Bettes gewesen sein, dieses sirenengleiche Verlockungsrufen der Kissen, diese versicherungsvertreterähnliche sorgenfrei-weiche Versuchung der Matratze, dieses leibwächterhaft-ganzkörperschützende Versprechen der Decke, dieses instinktive Vertrauen zwischen der eigenen, ermüdeten Erscheinung und dem Verständnis und Linderung verkörpernden Stofftier, es muss dieses umgarnende, bezirzende, Ruhe und Sicherheit ausstrahlende Gesamtpaket »Bett« gewesen sein, das dazu geführt hat, dass ich vor einigen Minuten aufgewacht bin und der Namenszug des Hotels gegenüber schon wieder neonblau leuchtete.

Ein frischer Wind weht nun durch das offene Fenster herein, einer von der Sorte, wie ihn verzweifelte Väter ihren unartigen Kindern für die nächste Zeit ankündigen, wenn sie jetzt nicht sofort brav sind, und der BAföG-Sachbearbeiter ist vor einiger Zeit in den wohlverdienten Feierabend gegangen.

Ich glaube, ich gehe gleich noch mal mit dem Hund raus und unterwegs wird mir klar werden, dass man nicht jeden Tag die Effektivität eines Mittelklassewagens abrufen kann und vielleicht auch mal Pausen braucht. Selbst wenn man die Zahl der Seiten, die ich heute mit Hintergrundinformationen zu Hamsun und Strindberg gefüllt habe, an den Fingern mehrerer Fäuste ablesen könnte.

UNGEWÖHNLICHE IDEEN UMSETZEN

Aber, barmherziger Gott, – so was tut man doch nicht!
(Henrik Ibsen, *Hedda Gabler*)

»Habt ihr eigentlich schon einen Text für Samstag?«, fragt Sacha. Seit er bei unserer Lesebühne nicht mehr selbst lesen muss, weil er in 'nem guten Jahr Vater wird, wie er neuerdings behauptet, ist er am ersten Freitag des Monats entspannter als an jedem anderen Tag. Seine Stimme hat einen leicht süffisanten Unterton, und in seiner Hand hält er einen Cocktail, als »Training für morgen«, wie er uns sagt. Felix, Volker, Georg, Nadja und ich schwitzen. Es mag daher kommen, dass wir alle in der Sauna sitzen, ich jedoch bevorzuge die sogenannte Angstschweiß-Theorie. Diese besagt, dass man, wenn man vor etwas Angst hat, schwitzt.

»Ich arbeite dran«, sage ich. »Leider hab ich nur beschissene Brettspielideen.«

»Ich denke, ich werde einen Fußballtext schreiben«, sagt Volker.

»Ich habe eine PowerPoint-Präsentation vorbereitet«, sagt Georg.

»Ich mach was über meine Eltern und meine Kindheit«, sagt Nadja.

»Ich schreib ein sechshundertseitiges Epos über einen Arzt«, sagt Felix.

»Ja klar, und ich drehe einen Arthouse-Film, in dem die Hauptperson die ganze Zeit Schluckauf hat«, sagt Sacha. In seiner Stimme ist eine gewisse Ironie nicht zu überhören.

»Eigentlich wollte ich fünf oder sechs Texte schreiben und euch fragen, ob das okay ist, wenn ich die halbe Show alleine bestreite«, sage ich, »weil eine schöne Frau, die ich letztens getroffen habe, vielleicht kommt. Und da muss ich sie ja von meiner Vielseitigkeit überzeugen. Aber dann ist mir nichts eingefallen, deshalb versuche ich es glaube ich mit einem Text über euch.«

»Laaaangweilig«, schreien die anderen Saunagäste. »Wir wollen die Witze auch verstehen.«

»Volker ist HSV-Fan und macht immer Fußballtexte«, fange ich an. »Georg ist Physiker ...«

»Laaaangweilig«, tönt es wieder aus dem Dunst.

»Vielleicht schreibt ja irgendwer einen Teamtext mit mir zusammen«, sage ich. Auf einmal haben alle furchtbar viel zu tun. Volker macht einen Aufguss, die anderen kontrollieren die Raumtemperatur und den Abstand zwischen den Holzlatten, auf denen wir sitzen. Georg schreibt eine Moritat für den Silberfisch, der unter der Türe hindurchgesilberfischt ist, es aber nicht weit in die Hitze hineingeschafft hat.

»Ihr seid doch scheiße«, sage ich. »Nur weil ich so unkreativ bin. Dann lese ich morgen halt einfach die Anleitung von dem Brettspiel vor, das ich erfunden habe.«

»Du hast ein Brettspiel erfunden?«, fragt Nadja.

»Erfunden ist eigentlich das falsche Wort«, sage ich. »Eher: umstrukturiert.«

»Lies mal vor«, sagt Volker. »Wir sagen dann, ob's scheiße ist.«

»Monopoly –«, setze ich an.

»Erfunden ist wirklich das falsche Wort«, sagt Georg.

»Christliche Edition«, vervollständige ich. »Es spielt in der gesamten Geschichte des Christentums. Wollt ihr es spielen?«

»Haben wir eine Wahl?«, fragt Felix.

»Habt ihr eigentlich schon einen Text für Samstag?«, fragt Sacha.

»Willst du auch mitspielen, Sacha?«, frage ich.

»Nein danke, ich schau euch lieber zu und trink 'nen Mai Tai.«

Nachdem wir in den etwas kühleren Ruhebereich umgezogen sind, Sacha überredet haben, Statthalter zu sein, und den Streit um die Spielfiguren – alle wollten den Heiligen Gral – beilegen konnten, fangen wir an.

Doch schon nach wenigen Minuten gibt es erste Komplikationen. Ich bin bisher nur auf Ereignisfelder gelaufen und etwas angepisst, weil die Ereignisse zwar unglaublich kreativ sind, mich aber jedes Mal Geld gekostet haben. Außerdem habe ich noch kein einziges Grundstück, während Nadja sich sowohl Nazareth als auch den Jordan geschnappt hat, weswegen sie schon nach zwei Runden nur noch ein orangenes Grundstück braucht, um ihre erste Kirche zu bauen. Georg hat sich das Weihwasserwerk gesichert, auf das Volker auch prompt gelaufen ist. Felix spielt unauffällig, hat sich aber schon den Nordfriedhof gekrallt und steuert zielstrebig auf den zweiten zu.

»Du hast dir echt Gedanken gemacht«, lobt Volker. »Babel ist da, wo normal die Turmstraße ist.«

»Finden Sie das Ganze nicht etwas blasphemisch?«, fragt eine Besucherin.

»Nicht mehr, als in Seinem Namen nach Öl zu bohren«, sage ich. »Und auf die Weise werden die Leute zumindest ein bisschen religiös gebildet.«

»Du hast vom Baum der Erkenntnis gegessen. Gehe zur Beichte. Begib dich direkt dorthin, ziehe keine 4000 Talent ein!«, liest Volker.

»Na ja«, sage ich. »*Das* ist historisch anfechtbar. Aber ansonsten stimmt fast alles.«

Georgs Kelch ist mittlerweile auf dem Kirchensteuerrückzah-
lungsfeld gelandet, Nadja musste eine Ordenskarte ziehen.

»Du hast in einem Kreuzzugwettbewerb gewonnen«, liest sie.
»Ziehe 2000 Talent ein.«

Und auch Felix hat Grund zur Freude: »Jakobsweg, yes! Kauf
ich.«

Dieses Würfelglück! Nadja, Volker und Felix stellen sich als
die Sorte Spieler heraus, die beim Kniffeln 1, 2, 3 und 5 draußen lassen, weil es ja sein kann, dass beim letzten Wurf die 4
für eine Große Straße kommt, ist ja total wahrscheinlich, UND
DANN KOMMT SIE AUCH NOCH, VERDAMMTE SCHEISSE!
Es mag sein, dass ich ein kleines Kniffeltrauma aus meiner Ju-
gend habe, weil meine Schwestern genauso spielen. Ich habe
selten eine Runde Kniffel gewonnen. Aber zumindest ist Georg
auf meiner Seite. Physiker, der er ist, spielt er genauso berech-
nend wie ich und hat damit genauso wenig Erfolg.

»Ich werde das Gefühl nicht los, dass ich bei dem Spiel ver-
liere«, sagt er nun, nachdem er eine weitere Ereigniskarte gezogen hat, auf der stand, dass die Erde eine Scheibe und er selbst
ein Ketzer sei und deshalb von einem Mob in die Enge getrieben
auf den Scheiterhaufen müsse.

»Immerhin hattest du noch eine ›Du kommst aus der Be-
drängnis frei‹-Karte«, sagt Nadja und würfelt.

»Fünf«, sagt sie und läuft fünf. »Ostfriedhof. Kauf ich.«

»Tauschst du den gegen Jerusalem und die Piusgasse?«, fragt
Felix.

»Tu's nicht!«, warnt Volker.

»Aber ich hab schon die Clemensstraße und den Alexander-
platz. Mit der Piusstraße könnt ich bauen.«

»Genau, deshalb tu's nicht!«, sagt Volker.

»Blödi«, sagt Nadja.

Der Ruhebereich ist mittlerweile sehr leer, nur eine ältere Frau
wohnt unserem Konklave noch bei und hält sich verkrampft an

ihrem Rosenkranz fest. Ich fühle mich ein bisschen schlecht. Wir hätten sie auch fragen können, ob sie mitspielen will.

»Habe ich dir übrigens schon erzählt, dass ich an Weihnachten Mats Hummels getroffen habe?«, frage ich Volker.

»Echt? Krass.«

»Getroffen ist eigentlich das falsche Wort«, sage ich. »Eher: gesehen. Ich stand an der Theaterkasse am Marienplatz, und es war so eine lange Schlange, da wollte ich meinen Platz nicht verlieren. Also hab ich ihn nur so wissend angeschaut und gegrinst. Und er hat mich auch kurz so angeschaut.«

»Wahrscheinlich dachte er: ›Krass, das ist *der* Alex Burkhard‹«, sagt Volker.

»Bestimmt. Wahrscheinlich hat er sich einfach auch nicht getraut, mich anzusprechen. Bestimmt spielt er beim *Poetry Slam Manager* auch immer mit Alex Burkhard.«

»Das ist dann aber ein hoher Schwierigkeitsgrad«, sagt Felix.

»Ja«, sage ich. »Er ist auch bei den Meisterschaften noch nie über das Halbfinale herausgekommen, obwohl er schon im Jahr 2021 ist.«

Dann muss ich wieder würfeln und lande – genau zwischen Hauptfriedhof und Petersplatz – auf dem Ablassfeld.

»Mann, ich hab keinen Bock mehr«, sage ich. »So ein Scheißspiel. Ich hab doch eh schon verloren.«

»Ach Quatsch«, sagt Volker, der sich in der Zwischenzeit auch das Heiligengeistfeld unter den Nagel gerissen hat und in Richtung von der Spielanleitung im siegreichen Fall versprochenes Ewiges Leben marschiert. »Kann sich doch alles noch drehen.«

»Quod erat demonstrandum«, sagt Georg, der schon zahlreiche Kirchen und Klöster auf seinen Gebieten stehen und gerade eine weitere Ereigniskarte gezogen hat. »Säkularisierung. Zahle für deine Kirchen 500 Talent und für deine Klöster 2000.«

»Ach, das zahlst du doch aus dem Klingelbeutel«, sage ich wütend und würfle. »Du bist zum Papst gewählt worden«, lese ich die Ereigniskarte vor: »Zahle jedem Spieler 1000 Talent.«

Und auch Nadja landet auf einem Ereignisfeld: »Mache einen Ausflug zur Bergpredigt. Wenn du über das Wasser kommst, ziehe 4000 Talent ein.«

»Besteht dieses Scheißspiel eigentlich nur aus Ereignisfeldern?«, fragt die alte Dame plötzlich.

»Nein«, sage ich. »Aber das sind halt die Besten. Die Grundstücke kennt man halt irgendwann und Weihwasserwerk ist auch nur einmal lustig.«

»Du musst zahlen«, sagt Volker, als ich schließlich in Ägypten lande.

»I'm on a mission from God«, sage ich mit Dan-Aykroyd-Stimme.

»Und ich muss meine Kornspeicher füllen«, sagt Volker. »Her mit dem Geld.«

So viel habe ich nicht mehr. Ich denke kurz darüber nach, mein einziges Grundstück, das Zweistromland, besetzen zu lassen, entscheide mich aber dagegen. Aus Trotz würfle ich einfach noch mal. Ein Ereignisfeld, natürlich.

»Du hast den 2. Platz in einer Frömmigkeitskonkurrenz gewonnen. Ziehe 200 Talent ein.«

Die alte Dame lacht hämisch, dann erhebt sie sich und verschwindet mit den Worten »Ihr werdet in der Hölle schmoren!« aus dem Ruheraum.

»Klingt nach finnischer Sauna«, sagt Sacha und steht auf. »Los geht's!«

CONTENANCE WAHREN

Der Beutel muss aufs Band!

(Marc-Uwe Kling, *Die Känguru-Chroniken*)

»Tut mir leid, dann muss ich das jetzt entsorgen.« Die Flughafen-sicherheitsfrau schaut mich durch ihre Brille mit unerbittlichen Augen an.

Ich befinde mich auf dem Weg nach Stockholm, denn in ein paar Wochen habe ich mündliche Prüfung. Deshalb habe ich spontan einen Flug nach Schweden gebucht, da meine aktiven schwedischen Sprachfähigkeiten zur Zeit ähnlich gut sind wie meine Texte über Obst.

Doch ich hänge an der Sicherheitskontrolle fest, denn mein Beutel ist zu groß. Ich hatte mir extra ein Mini-Duschgel, ein Mini-Shampoo und – das Beste von allen – ein Mini-Deo besorgt, damit sie mir am Flughafen meinen Kulturbeutel nicht wegneh-men. Ich dachte, ich hätte an alles gedacht, und dann das.

»Ist das Ihr Beutel?«, hat sie zunächst gefragt und auf meinen Beutel gezeigt.

»Ja«, habe ich geantwortet, denn es war zweifellos mein Beu-tel und ich konnte mir nicht vorstellen, dass noch jemand ein so cooles Mini-Deo besitzt.

»Dann haben wir jetzt folgendes Problem: Den dürfen Sie so nicht mitnehmen.«

»Okay. Und warum nicht? Der ist doch durchsichtig und wiederverschließbar und alles.«

»Ja, das schon. Aber es darf maximal ein Liter reinpassen.«

»Reinpassen?«

»Reinpassen.«

»Ich dachte, drin sein. Maximal ein Liter an Flüssigkeit, je maximal 100 Milliliter groß.«

»Nein, in den Beutel darf höchstens ein Liter reinpassen.«

»Auch wenn ich viel weniger dabei habe?«

Sie hat sich dann entfernt und einen Flyer geholt, auf dem stand, dass der durchsichtige, wiederverschließbare Beutel maximal einen Liter fassen darf.

»Das ist schön«, habe ich geantwortet, »aber warum?«

»Vorschrift ist Vorschrift«, hat sie gesagt. »Da kann ich jetzt auch nichts machen.«

»Aber können Sie mir nicht den Sinn dahinter erklären?«

»Sie können noch mal nach draußen gehen und sich einen Beutel kaufen.«

»Entschuldigung, ich habe ›kaufen‹ verstanden.«

»Ja, draußen in der Halle können Sie sich einen Beutel kaufen.«

»Haben Sie denn keinen hier?«

»Nein, draußen.«

»Das habe ich verstanden. Aber muss ich mich dann wieder hinten anstellen und noch mal durch die Sicherheitskontrolle?«

»Ja.«

»Aber dann verpasse ich vielleicht meinen Flug.«

»Ich kann Sie mit dem Beutel nicht durchlassen. Dann muss ich die Sachen entsorgen.«

»Wie viel fasst denn mein Beutel?«

»Drei Liter.«

»Das heißt, obwohl ich nicht mal einen halben Liter an Flüssigkeit dabei habe, kein Behältnis mehr als 75 Milliliter groß ist und ich alles in einem durchsichtigen, wiederverschließbaren Beutel präsentiere, darf ich das nicht mitnehmen, weil theoretisch mehr in den Beutel passen *würde?*«

»Korrekt.«

»Ihnen ist klar, dass das keinen Sinn ergibt, oder?«

»Vorschrift ist Vorschrift.«

»Ich kann nicht noch mal zurück.«

»Tut mir leid. Dann muss ich das jetzt entsorgen.«

Einige Minuten später sitze ich im Flugzeug nach Kopenhagen. Weil ich so spät gebucht habe, habe ich keinen Direktflug mehr bekommen, deshalb muss ich dort umsteigen. In meinem Rucksack befinden sich lose meine Zahnbürste, meine Medizin, Gesichtscreme und Zahnseide. Nicht einmal meine Drohung, dass ich einen fiesen Text über sie schreiben würde, wenn sie mir den Beutel wirklich wegnehme, konnte die Sicherheitsfrau davon abhalten, mir mein Mini-Deo-Herz zu brechen. Zahnbürste, Medizin und Zahnseide durfte ich flüssigkeitslos behalten, zusätzlich eine Flüssigkeit. Offenbar kann man nur mit einer Kombination aus mehreren Liquiden und einem 3-Liter-Beutel anständige Bomben basteln. Aus Protest habe ich zwei Meter hinter der Sicherheitskontrolle im Duty-Free-Shop erst einmal einen 800-Liter-Bottich Edelparfum aus Massivglas gekauft und ständig unkontrolliert vor mich hin gebrabbelt und entrückt gegrinst, als ich damit ins Flugzeug gestiegen bin. Dass man mit zollfreier Ware jemanden verletzt, scheint nicht vorgesehen.

Am Kopenhagener Flughafen arbeitet in einem kleinen Shop die vielleicht schönste Frau der Welt. Zumindest in dem kleinen Shop am Kopenhagener Flughafen ist sie konkurrenzlos.

Ich war an dem Laden vorbeigelaufen und hatte sie kurz gesehen, doch ich wusste nicht, wo mein Gate ist, deshalb konnte ich nicht stehenbleiben. Dann hatte mein Flug sehr viel Verspätung, weil alles katastrophal ist, und jetzt stehe ich am Rand der großen

Haupthalle und versuche, mich zu überreden, sie anzusprechen. Dafür spricht, dass sie sehr hübsch ist und ich sie vermutlich eh nie wiedersehen werde, weil sie in einem kleinen Shop am Kopenhagener Flughafen arbeitet. Dagegen spricht nicht viel, doch so fühlt es sich nicht an.

Ich gehe also erst noch einmal zu meinem Gate, um zu checken, ob mein Flug schon angezeigt wird, dann gehe ich noch mal am Laden vorbei, dann gehe ich aufs Klo, weil sie in einer Mitarbeiter-Backstage-Türe in der Nähe verschwunden ist, dann gehe ich wieder zu dem Laden, wo sie nun wieder an der Theke steht, dann gehe ich *in* den Laden und betrachte minutenlang sehr fasziniert eine Rolle dänischer Kekse, dann gehe ich noch mal zum Gate, wo mein Flug immer noch nicht einstiegsbereit ist, weshalb ich anschließend noch mal in den Laden gehe, mit einer Rolle dänischer Kekse zur Kasse streune, wo sie allerdings noch Kundschaft hat und mich partout ihre Kollegin abkassieren will, weswegen ich in der Folge noch mal nach meinem Flug schaue und einige Minuten später mit einer zweiten Rolle dänischer Kekse an ihre Kasse trete.

»You don't happen to actually live in Munich and just fly in here for work every day, do you?«, frage ich sie, als sie meine Kekse an den Scanner hält, weil sie dies mit einer Anmut tut, die darauf schließen lässt, dass es durchaus im Bereich des Möglichen liegt, dass ihre Firma sie täglich 1700 Kilometer pendeln lässt, einfach weil sie so verdammt gut ist.

»Unfortunately not«, sagt sie und lächelt, und ich freue mich über das »unfortunately« vor dem »not«.

»That's too bad«, sage ich, weil ich es too bad finde. »So you're from here?«

»I actually live in Sweden«, sagt sie, vermutlich weil sie actually in Schweden wohnt.

»So you're Swedish«, sage ich, weil das eine sehr wahrscheinliche Konsequenz der ganzen Sache ist und ich noch nicht genug Blödsinn geredet habe.

»Yes«, sagt sie, wahrscheinlich weil sie Schwedin ist.

»Cool«, sage ich, weil siehe oben.

»And it's just a fifteen minute train ride.«

»So you live in Malmo«, sage ich, weil meine geografischen Fähigkeiten zu den wenigen Dingen gehören, die mich in solchen Situationen nicht im Stich lassen.

»Yes«, sagt sie, weil sie in Malmö lebt. Es mag komisch wirken, dass ich Malmö jetzt plötzlich wieder mit »ö« denke, aber im Englischen gibt es nun mal keine Umlaute.

Einige Minuten später sitze ich im Flugzeug nach Stockholm. Die vielleicht schönste Frau der Welt ist in ihrem Shop geblieben. Nicht einmal meine Drohung, dass ich einen schmachtenden Text über sie schreiben würde, wenn sie nicht kündige und nach München ziehe, konnte sie davon abhalten, mir mein Keksrollen-Herz zu brechen. Selbst die 800 Liter Edelparfum haben sie nicht umstimmen können. Seit ich unkontrolliert vor mich hin weinend und entrückt blickend ins Flugzeug gestiegen bin, trösten mich alle Mitreisenden damit, dass sie ihren Job vermutlich einfach sehr, sehr gerne macht.

Am Stockholmer Flughafen arbeitet in der Touristeninfo im Ankunftsbereich die vielleicht schönste Frau der Welt. Zumindest in der Touristeninfo im Ankunftsbereich des Stockholmer Flughafens ist sie konkurrenzlos.

Dieses Mal *muss* ich sogar mit ihr sprechen, denn ich brauche Tickets für den Shuttlebus in die Stadt.

»Jag behöver en biljett till flygbussen«, sage ich, weil es stimmt.

»A«, sagt sie, weil Schweden meistens nur »a« sagen, wenn sie Zustimmung oder Verstandenhaben ausdrücken wollen. »Sjuttionio kronor, tack.«

»Får jag köpa en returbiljett också?«, frage ich, weil ich in ein paar Tagen ja auch irgendwie zurück zum Flughafen kommen muss.

»A«, sagt sie, weil s. o. Schweden haben außerdem die Angewohnheit, auf Englisch zu antworten, wenn sie glauben zu erkennen, dass der andere nicht perfekt Schwedisch spricht. Einfach weil sie gerne raushängen lassen, wie gut sie das können. »Hundrafemtioåtta kronor, tack.«

Entweder mag sie mich, oder meine aktiven schwedischen Sprachfähigkeiten sind ähnlich gut wie meine Texte über Lasagne. Ich bezahle.

»Biljetten är inte begränsad i tid, är den?«, frage ich.

»Nej, den er giltig i tre månader.«

»Vad bra, tack så mycket«, sage ich und verlasse die Touristeninfo wieder. Doch als ich den Sicherheitsbereich beinahe verlassen habe, kehre ich um und gehe noch mal zu ihr.

»Du bor väl inte i München och flyger hit varje dag bara för att arbeta här, eller?«, frage ich sie.

»Nej, tyvärr inte«, svarar hon och jag är glad att hon säger »tyvärr«. Und da ich jetzt offenbar schon in vermutlich nicht ganz korrektem, aber doch halbwegs fließendem Schwedisch denke, beschließe ich, dass ich eigentlich auch wieder nach Hause fliegen kann.

Da auch 800 Liter feinstes Parfum sie nicht überzeugen konnten, mich zu begleiten, sitzt die vielleicht schönste Frau der Welt weiterhin in der Touristeninfo am Stockholmer Flughafen. Dafür habe ich indirekt die Bestätigung, dass mein Schwedisch nicht völlig scheiße ist. Man muss ja nehmen, was man kriegt. Die Riesenflasche Parfum jedoch scheine ich einfach nicht wieder loswerden zu können. Als ich wieder in München lande, kommt mir aber eine Idee, und ich gehe mit dem Bottich zur Sicherheitskontrolle, wo eine unerbittlich dreinschauende Frau steht.

»Ich würde damit gerne nach Thailand fliegen«, sage ich.

VERSUMPFEN

Das letzte Tageslicht war schon längst erloschen.

(Iwan Turgenjew, *Erste Liebe*)

»Ich bin Restaurator«, sage ich.

»Echt? Das ist ja cool.« Die Augen der Frau, die mir gegenüber sitzt, sind tiefblau. »Das passt aber irgendwie auch. Keine Ahnung, aber wenn man dich so anschaut ...«

»... sehe ich aus wie ein Restaurator?«

»Ja, keine Ahnung. Ja.« Ich hätte ihr vermutlich auch erzählen können, dass ich Physiker bin, sie hätte dasselbe gesagt. Ich nehme einen Schluck von meinem Bier.

»Während der Ausbildung in Garmisch habe ich zusätzlich hier in München Physik studiert.« Die tiefblauen Augen weiten sich.

»Echt?«

»Ja, ich wollte einfach auch noch was Theoretisches nebenher machen. Und Restauration hat ja auch viel mit Physik zu tun. Oxidation an Statuen und so was, das hilft da sehr.«

»Krass. Das ist ja voll beeindruckend.«

Ich lächle und beschließe, dass jemandem, dem man den chemischen Prozess der Oxidation als Physik verkaufen kann, auch keine tiefblauen Augen helfen. Obwohl sie verdammt tief sind.

»Und bist du öfter hier?«

»Ab und zu«, sage ich. »Ich wohne hier direkt um die Ecke.«

Eigentlich bin ich sehr oft hier, aber heute Abend scheine ich beschlossen zu haben, die Quote der ehrlichen Aussagen auf ein Minimum zu reduzieren. Eigentlich wollte ich gar nicht mehr ins *Rationaltheater*, aber ich hatte tagsüber so viel für meine Magisterarbeit geschafft, dass ein Teil in mir entschieden vorgeschlagen hat, gefälligst noch ein Feierabendbier trinken zu gehen. Dieser Teil hat mittlerweile ungefähr fünffach gewonnen, was meine latente Arschhaftigkeit erklären könnte.

»Rauchst du?«, fragt die Frau nun, und ich schüttle den Kopf. »Na gut, dann vielleicht bis später«, sagt sie und steht auf. Es kommt zwar manchmal uncool, wenn man sich nicht während jedes Gesprächs nebenbei wie selbstverständlich eine Zigarette dreht und alle zwanzig Minuten vor die Türe geht, die Schultern leicht hochgezogen im Abendwind steht und mit krauser Stirn an seiner Intellektuellenzigarette zieht, aber andererseits hat das Nichtrauchen schon dermaßen viele Gespräche für mich beendet, die selbst abzuschließen ich oftmals viel zu höflich oder feige war, dass ich zwar nicht mehr weiß, wie ich aus dieser Satzkonstruktion wieder herauskomme, das Nichtrauchen jedoch sehr cool ist.[6]

Eine kurze Weile beobachte ich sie, dann setzt sich eine andere Frau mir gegenüber. Ihre Augen sind sehr grün. Ich würde tiefgrün sagen, aber das klingt seltsam.

»Ich bin Vorname«, sagt sie.

»Alex«, sage ich und hoffe, dass sie meinen Namen genauso schnell wieder vergisst wie ich ihren.

»Was machst du so?«, fragt die Frau. Ich finde es faszinierend, wie schnell diese Frage gestellt wird. Warum will jeder permanent wissen, was ich mache? Kann man sich nicht einfach mal so unterhalten?

---

6 Vgl. Surmann, Volker. 2013. *Kapitulation eines Lektors.* Berlin: Satyr.

»Ich bin Pilot«, sage ich.

»Echt? Krass.« Die Augen der Frau weiten sich noch mehr als die tiefblauen einige Minuten vorher. Die Faszination der Luftfahrt.

»Ach«, sage ich und mache eine bescheidene Geste.

»Das passt aber irgendwie auch«, sagt die Frau. »Keine Ahnung, aber wenn man dich so anschaut ...«

»... sehe ich aus wie ein Pilot?«

»Ja, keine Ahnung. Ja.«

Irgendwann in den letzten Stunden habe ich beschlossen, den Leuten nicht mehr zu sagen, was ich studiere. Ich hatte es satt, ständig irgendwas von »Nische« und »Übersetzen« und »Journalismus« zu brabbeln und das Gespräch damit innerlich schon zu beenden, bevor es richtig angefangen hat. Außerdem macht es großen Spaß, jedem, der fragt, andere Informationen über mich zu geben. Auf der anderen Seite schürt es auch einen Unwillen in mir, denn die durchschnittliche Augenweitung bei den Worten »Konzertveranstalter«, »Onkologe« oder »Brettspielentwickler« liegt deutlich über der, die ich in den letzten Jahren mit dem etwas sperrigen Wort »Geisteswissenschaften« geerntet habe.

»Und wo warst du schon überall?«, fragen die grünen Augen.

»Gerade bin ich aus Stockholm zurück«, sage ich.

»Krass. Das ist ja voll beeindruckend.«

Ich lächle und beschließe, dass jemandem, dem man mit einigermaßen starker Brille auf der Nase von seinem Pilotendasein erzählen kann, auch keine tiefgrünen Augen helfen. Obwohl sie verdammt tief sind.

Als die Frau anfängt, sich eine Zigarette zu drehen, beschäftige ich mich wieder mit der Frage, wie lange ich noch bleiben will. Genauer gesagt, ob es sich lohnt, noch mehr zu trinken, damit ich irgendwann nicht mehr merke, dass ich eigentlich nach Hause will, aber mir einrede, dass es blöd wäre, jetzt nach Hause zu gehen, weil es ja immer noch sein kann, dass meine Stimmung wieder steigt, *sie* mich doch irgendwann mal wahrnimmt, und man ja auch mal lang wegbleiben muss, solange man jung ist, weil hey, man ist ja nicht ewig jung. Das ist zwar sehr einleuchtend, verpflichtet einen aber trotzdem zu nichts, was ich mir nach einigen Bieren aber nicht mehr permanent selbst vorbete, weshalb ich mir noch ein Bier hole und die Diskussion mit meinem Kopf für beendet erkläre.

»Alles klar?«, fragt Sebastian auf einmal. Es ist nicht derselbe Sebastian wie am Anfang des Buches, aber ich tue mich immer so schwer mit Namenmerken, und außerdem habe ich letztens ein Buch gelesen, in dem alle Personen Sebastian hießen,[7] deshalb nenne ich auch Sebastian Sebastian. Und auch, weil er wirklich so heißt.

»Alex?«, fragt er. »Geht's dir gut?«

»Mir ist gerade was ziemlich Cooles aufgefallen«, sage ich begeistert. »In ›arrivederci‹ steckt ›arrive‹. Ich finde es voll schön, dass die Italiener sich schon beim Verabschieden versprechen, dass es nicht das letzte Treffen war.«

»Du meinst wie in ›Auf Wiedersehen‹?«

»Geh weg«, sage ich. »Immer versaust du mir alles.«

»Du bist heute ein bisschen auf Krawall gebürstet, kann das sein?«

»Ich habe heute so lange an der Magisterarbeit gesessen, mein Kopf ist ganz matschig. Und dann komm ich hierher und will nur ein Bier trinken und muss mich fragen lassen, was ich mit dem, für das ich seit Monaten eine Arbeit schreibe, später mal machen kann.«

»Das mit dem einen Bier war aber auch etwas optimistisch. Du weißt doch mittlerweile, wie es läuft, wenn man hierherkommt.«

»Und dann kriege ich den achtzehnten Brief von der Stadtkäm-

---

7   Vgl. Lehmann, Sebastian. 2011. *Sebastian. Oder: Das Leben ist nur ein Schluck aus der Flasche der Geschichte.* Berlin: Satyr.

merei, dass ihnen noch eine Angabe fehlt. Ich meine, angesichts der Kopierkosten für alles, was das Kassenamt für eine Befreiung haben will, kann ich die Hundesteuer auch einfach zahlen.«

»Das mit dem einen Brief war aber auch etwas optimistisch ...«, fängt Sebastian an. Doch ich bin noch nicht fertig.

»Und dann schaut *sie* mich den ganzen Abend nicht einmal an. Sitzt da mit Weinglas im Barkerzenlicht und lächelt ihr Lächeln. Ich hab extra eine coole Hose angezogen, okay? Ich hab ein scheiß antikes rororo-Buch mitgenommen, mein Bart sieht gut aus, ich hab mich voll lässig in den Sessel gesetzt, nichts. Ich weiß nicht, wie vermeintlich unbeobachtet ich mein Bier noch trinken soll. Warum interessiert sie sich nicht für mich?«

»Hast du dir gerade zugehört?«, fragt Sebastian.

»Es ist wirklich ganz erstaunlich, wie schnell alles in Bedeutungslosigkeit versinkt, wenn einen die hübsche Frau nicht interessant findet.«

»Dude. Ich hab dich beobachtet. Dir saßen eben mindestens vier hübsche Frauen gegenüber, was hast du denen denn erzählt?«

»Dass ich Antiquar bin.«

»Ich geh eine rauchen«, sagt Sebastian.

Ich setze mich wieder in den alten Sessel, trinke noch einen Schluck und tue so, als würde ich Camus lesen. Wenn ich jetzt gehen würde, hätte ich noch sechs Stunden Schlaf, aber wenn ich in einer halben Stunde gehe, habe ich immer noch fünfeinhalb. Und auf die halbe Stunde kommt es auch nicht an, und vielleicht wird ja nach dem nächsten Schluck alles gut. Es klingt völlig logisch.

»Wie ich mich einfach immer wieder in die Frauen bei Camus verliebe«, sagt eine Frau. Ihre Augen sind sehr braun. Ach, zur Hölle, sie sind tiefbraun.

»Geht mir genauso«, sage ich. »Ich bin Alex.«

»Ich entscheide dann später, ob ich mir deinen Namen merken will«, sagt sie. »Warum läufst du eigentlich schon den ganzen

Abend mit so einer pissigen Miene rum? Du liest Camus, nicht Dostojewski. Ich und die Welt, wir missbilligen das.«

»Ich lese gerade gar nicht, das Buch habe ich nur dabei, damit eine bestimmte Frau mitkriegt, dass ich gelegentlich Camus lese.« Die braunen Augen weiten sich.

»Du bist schon ein bisschen seltsam, oder?«, fragen sie.

»Sie interessiert sich nicht für mich, und anstatt dass ich mich mit Leuten abgebe, die mich mögen, betrauere ich, dass diese eine Person mich nicht für den Größten hält«, erläutere ich. »Und ich weiß das auch noch alles und wäre gerade auch viel lieber daheim oder mit dem Hund unterwegs, aber irgendetwas zieht mich immer wieder in ihre Nähe, und wenn man dann einmal hier ist, versumpft man völlig.«

Die Frau fängt an, sich eine Zigarette zu drehen.

»Und jetzt sage ich dir das alles, obwohl ich deine Augen für das Braunste halte, was mir je unter die, na ja, Augen gekommen ist, und ich es verdammt sexy finde, wie du deine Zigarette drehst, was ich auf der anderen Seite auch wieder dumm finde, weil sich damit unsere Gesprächszeit dem Ende zuneigt.«

»Warum das denn?«

»Weil ich nicht rauche.«

»Und du kannst dich nicht neben mich stellen, während ich rauche?«, fragt sie. »Was machst du eigentlich, wenn du dich nicht gegen deinen Willen hier aufhältst?«

»Ich studiere Skandinavistik.«

»Cool.«

»Ist das alles?«

»Hast du mehr erwartet?«

»Na ja, normalerweise fragen mich die Leute immer, was ich damit später mal machen kann. Das ist praktisch eine natürliche Abfolge, so ähnlich wie man ›Gesundheit!‹ sagt, wenn jemand niest.«

»Kommst du mit raus?«, fragt sie und zieht ihre Jacke an.

»Gerne. Aber ich bleibe nicht mehr lange. Ich glaube, ich muss gleich nach Hause, bevor das gute Gefühl wieder weg ist, das du mir gerade gibst.«

»Wo ist eigentlich dein Hund?«, fragt die Frau.

»Der wartet dort. Beziehungsweise er schläft.«

»Komm«, sagt sie und zieht mich die leere Straße entlang. »Wir gehen ihn wecken.«

»Ich hole noch schnell mein Buch«, sage ich.

»Das brauchst du heute nicht mehr.«

Ich weiß nicht, ob Braun leuchten kann, aber ihre Augen unternehmen gerade definitiv einen Versuch, als sie fragt: »Wie war noch mal dein Name?«

WISSEN ANWENDEN

Was man nicht weiß, das eben brauchte man,
Und was man weiß, kann man nicht brauchen.

(Johann Wolfgang von Goethe, *Faust I*)

»Weißt du, woran man erkennt, dass alle deine Geschichten erfunden sind?«

»Nee, sag.«

»Daran, dass dich dauernd irgendwelche hübschen Frauen ansprechen.«

Sebastian nimmt sich noch ein Lachshäppchen vom reichhaltigen Buffet. Nicht genug damit, dass er mein »Plus One« ist, offenbar hat er jetzt auch noch die Rolle meines Verlegers übernommen. Wir stehen an den beiden Tischen, die mit skandinavischen Köstlichkeiten bestückt sind. Doch wir befinden uns nicht um die Midsommarstange tanzend und skandinavische Lieder singend im Englischen Garten, sondern einfach nur skandinavische Gerichte mampfend im einzigen Seminarraum des Instituts für Nordische Philologie, der heute als Raum der Abschlussfeierlichkeiten zweckentfremdet wird. Außer uns sind noch zwei weitere Absolventen da, außerdem die beiden Professoren, von denen eine eine Professorin ist, und der restliche Lehrkörper, der uns Studenten zahlenmäßig um ein Vielfaches überlegen ist.

»Je länger es das Bachelor-Master-System gibt, desto trister werden die Abschlussfeiern der Magisterstudenten«, sagt meine Professorin und haut sich noch ein Butterbrot rein.

»Wen interessiert auch ein Magister in Skandinavistik?«, fragt Sebastian halblaut.

»Hey, nimm das zurück«, sage ich, mit einem Köttbull... – wie war nochmal der Singular ...? – mit *zwei* Köttbullar auf ihn zielend. »Erst letztens habe ich mit einer Frau gesprochen und ihr von der Wissensdichtung im alten Norden erzählt. Dass es tatsächlich eine Art Korpus von Dichtung gibt, die auf Wissensvermittlung ausgerichtet war. Zum Beispiel durch gebetsmühlenartig wiederholte Verse oder den Sprecher, der meist Odin ist, oft aber als Wanderer verkleidet. Außerdem sind die meisten dieser Gedichte im Versmaß des Ljóðaháttr verfasst.«

Sebastian schaut mich etwas schief an.

»Okay«, ergänze ich, »manche auch im Galdralag.«

»Hatte sie denn danach gefragt?«

»Na ja«, sage ich. »Nicht direkt. Sie hat gefragt, was man damit später mal machen kann, und da meine Falsche-Berufe-Phase vorbei war, dachte ich, ich sage den Leuten halt tatsächlich, was ich in den räusper Semestern gelernt habe.«

»Wozu denn der Plural?«, fragt Sebastian. »Wie viele fiktive Frauen hast du denn damit malträtiert?«

»Na ja, ich meine, die Magisterarbeit hat ja schon eine Weile gebraucht«, druckse ich herum. »Und wenn man dann dauernd solche Fragen gestellt bekommt ...«

»Oh nein«, sagt Sebastian und nimmt sich eine Hand voll Preiselbeeren.

»Einer habe ich mich mal mit zwölf verschiedenen Odinsnamen vorgestellt. Oder ich habe die Stelle in den *Brüdern Löwenherz* zitiert, die im schwedischen Original so viel besser ist als in der Übersetzung.[8] Und immer wenn jemand gefragt hat, ob ich

---

8 Vgl. Lindgren, Astrid. 2008 [1973]. *Bröderna Lejonhjärta*. Stockholm: Rabén & Sjögren Bokförlag. S. 193-195.

dann auch Finnisch lerne, habe ich gesagt: ›Finska är ett språk som inte passar ihop med de andra skandinaviska språk för dess rötter lägger i den ungersk familj. Så pratar jag bara svenska, litt norsk og en lille smule dansk.‹«

»Recht hast du«, sagt Sebastian.

»Hast du das etwa verstanden?«, frage ich.

»Kein Wort.«

»War wahrscheinlich auch falsch«, sage ich. »Wusstest du übrigens, dass Kristian Petri immer, wenn er behauptet, dass er auf irgendeiner Atlantikinsel am Ende der Welt angekommen sei, das Ganze einen Satz später mit einem Beispiel für die Globalität auch dieser vermeintlich abgeschiedenen Gesellschaft ad absurdum führt? Dann trägt irgendwo im Nichts eine Kindergärtnerin ein Mickey-Mouse-Shirt, und in einer Bar läuft amerikanischer Rock.«

»Bitte ...«, stöhnt Sebastian schwach. Ich empfinde den Spruch mit den hübschen Frauen allerdings noch nicht als ausgeglichen und erläutere ihm deshalb noch, wie unglaublich toll Strindberg Wetterpassagen nutzt, um zeitgenössische Diskurse in sein Buch zu integrieren und warum Glahns Prognosen in *Pan* immer eintreffen, obwohl sie nie auf wissenschaftlicher Basis getätigt werden.[9]

Als Sebastian Knäckebrot knabbernd in der Ecke sitzt und mit verstörten Augen im Raum umherschaut, höre ich auf, nicht ohne ihm vorher klarzumachen, dass ich auch Nebenfächer hatte und mich auch da noch an das ein oder andere interessante Detail erinnern könnte, falls er in Zukunft wieder einmal bezweifle, dass mich manchmal durchaus hübsche Frauen ansprächen.

Er sagt daraufhin, dass er mich im Gegenteil schon immer ziemlich attraktiv gefunden habe und jede Frau verstehe, die

---

9 Vgl. Burkhard, Alexander. 2013. Die Bedeutung des Wetters in Hamsuns *Pan* und Strindbergs *I havsbandet*. Magisterarbeit. Ludwig-Maximilians-Universität München.

sich kaum zurückhalten könne, jemanden mit dünnem Haar und einer Stirn wie Oliver Welke anzusprechen, woraufhin ich ihm erzähle, dass noch nicht endgültig geklärt sei, ob die Idee der Rentierdomestikation in Nordeuropa im Spätmittelalter von Völkern am Baikalsee übernommen wurde oder sich selbstständig entwickelt habe, dass also sowohl die Diffusions- als auch die Evolutionismustheorie durchaus im Bereich des Möglichen seien.

Dann klirrt die Professorin mit dem Löffel ihrer Erbsensuppe an ein Sektglas und verkündet, dass uns die Magisterzeugnisse in den nächsten Wochen von der Universität zugeschickt würden und wir deshalb heute leider nichts Handfestes mit nach Hause nehmen könnten. Die Protestwelle ist relativ klein, wir sind ja nur drei Studenten, und ohne das Zeugnis sind wir es offenbar auch morgen noch. Ich hatte mir eigentlich vorgestellt, dass jeder nach vorne kommen und sein eingerolltes Schriftstück überreicht bekommen würde, beklatscht von den Familien seiner Kommilitonen und den Dozenten, die mit einem gütigwissenden Lächeln auf der Bühne ständen. Eine Band würde aufspielen und die gesamte Wiese samt der voll besetzten Klappstühle beschallen, und am Ende würden wir alle unsere Hüte in die sonnige Frühlingsluft werfen und »Hurra!« schreien. Stattdessen bekommen wir das Abschlusszeugnis unspektakulär zugeschickt.

Als ich gerade gehen will, hält mich meine Professorin zurück und gibt mir mit einem Lächeln einen Wisch, auf dem steht: »*An diesem Institut studierte der völlig zu Unrecht unbekannte Schriftsteller Alex Burkhard von 2008 – 20räusper.*«

»Danke«, sage ich, mehr bekomme ich nicht heraus. Ich gehe selig lächelnd die Treppe des Instituts herunter. Vor dem blassgrünen Haus in der Amalienstraße halte ich kurz inne. Es war schon eine gute Entscheidung, dieses Fach zu studieren. Auch wenn ich sie so nie wieder treffen würde.

Da kommt die hübsche Studentin aus dem Studentenwohnheim die Straße entlanggelaufen. Wir begrüßen uns, und weil sie mich nie angesprochen hat und mir auch nicht geglaubt hat, dass mich manchmal hübsche Frauen ansprechen, sage ich: »Bei den Achuar im Amazonastiefland sind im Traum verhandelte Abkommen auch in der Realität gültig. Als ich heute Nacht von dir geträumt habe, hast du gesagt, dass ich dich küssen dürfe, wenn ich das wolle. Ich will dich küssen. Darf ich?«

»Aaalex«, sagt sie und zieht dabei die erste Silbe, ich möchte sagen euphorisch, ja geradezu beglückt, in die Länge. »Nein.«

Vielleicht sollte ich ihr noch von den verschiedenen Identifikationsmodi von Descola berichten, damit sie weiß, warum die Achuar überhaupt im Traum solche Abkommen treffen müssen. Dann sehe ich ein, dass unser Weltbild einfach kein animistisches mehr wird und verabschiede mich.[10]

Tausend Gedanken schießen mir durch den Kopf, als ich anschließend durchs Univiertel laufe. Die meisten davon sind positiver Natur, und das ist eine schöne Abwechslung. ›Ich bin schon auf dem richtigen Weg‹, denke ich, als ich am Obst- und Gemüsestand des braun gebrannten Händlers vorbei zur U-Bahn laufe. Egal, wie es weiter geht – ich fühle den Wisch meiner Professorin in meiner Tasche –: Ich habe endlich meinen Abschluss. Ich sage »mein Abschluss«, weil ich mich sehr mit ihm verbunden fühle. Er symbolisiert nämlich die Freiheit, die ich gerne hätte.

---

10 Dieser Text erhebt keinen Anspruch auf Vollständigkeit, sondern will lediglich einen Ansatz zur Diskussion stellen, den ausführlicher zu betrachten die Aufgabe künftiger wissenschaftlicher Beschäftigung usw.

AXI FAHREN

Unheilbar wuchert im Kopf die Symphonie des Tages – ein Bratschencrescendo, zu dem sich originelle Instrumente gesellen.

(Helmut Krausser, *Fette Welt*)

»Wohin?«

»Nach Hause.«

»Zu dir oder zu mir?«

»Fahr einfach. Ich sag dann schon Bescheid.«

»Hast du genug Geld?«

»Ey, in ein paar Wochen kommt mein erstes Buch raus.«

»Heißt das ›ja‹ oder ›nein‹?«

»Mein Verleger sagt ›ja‹. Fahr einfach, bitte!«

»Okay, okay.«

Ich komme mir immer sehr dekadent vor, wenn ich mal Taxi fahre. Ich weiß nicht, ob es in dem Allgäuer Kaff, in dem ich aufgewachsen bin, auch nur ein Taxi gab. Es hat für mich jedenfalls etwas sehr Weltmännisches. Meistens passiert es an Tagen wie heute, ich weiß nicht warum. Symphonie im Kopf. Ich seufze in einer Viertelpause.

»Langen Tag gehabt?«

»Ja, so ähnlich.«

»Willst du einen Tee?«, fragt der Fahrer und reicht mir eine Thermosflasche.

»Danke. Alex.«

»Milan.«

»Wie der Fußballclub?«

Milan bremst scharf, ich schütte etwas Tee auf mir herum. Er schaut mich mit funkelnden Augen an.

»Sorry«, sage ich.

»Sorry«, sagt Milan.

Wir fahren am Justizpalast vorbei, der in der Dämmerung bereits angeleuchtet wird und sehr majestätisch aussieht. Eines der Bauwerke in München, dessen Existenz ich erst viele Jahre, nachdem ich hierhergezogen bin, entdeckt habe.

»Jetzt mal ernsthaft«, sagt Milan, »du musst doch irgendwo hinwollen.«

»Also irgendwann muss ich zur Münchner Freiheit, aber danach fühle ich mich gerade noch nicht.«

»Okay«, sagt Milan. »Klar. Dann fahr ich einfach rum, und du sagst dann, wenn du dich danach fühlst.«

Es ist gar nicht so leicht, bei einem leichten fremdsprachigen Akzent Ironie herauszuhören, aber ich glaube, gerade ging es ganz gut. Trotzdem scheint Milan sich damit abfinden zu können und biegt in die Von-der-Tann-Straße ein, die uns wieder vom Zentrum wegführt.

»Ich hab so lange gebraucht, bis ich gemerkt habe, dass ich nicht jeden Tag die Maximilianstraße hoch und runter laufen muss, nur weil ich in München wohne«, sage ich. »Anfangs bin ich auf diesen ganzen Prunk gar nicht klargekommen.«

»Du fährst gerade Taxi und bittest den Fahrer, dich auf dem umständlichsten Weg nach Hause zu bringen«, sagt Milan. »Ich kann mir vorstellen, dass dich da ein Gucci-Laden nicht mehr groß stört.«

»Vor dem habe ich mal demonstriert, beim Bildungsstreik«, sage ich. »Wir sind von der Uni über die Staatskanzlei zur Oper gezogen und haben ›Bildung – für alle – und zwar umsonst!‹ geschrien. Später haben wir dann auch ›Gucci – für alle – und zwar umsonst!‹ gebrüllt.«

»Ihr wisst ja gar nicht, was ihr da gefordert habt«, sagt Milan. »Stell dir mal vor, wie das aussähe, wenn wirklich jeder in Gucci-Klamotten rumlaufen würde.«

»Ich find die nicht mal schön«, sage ich.

»Ich weiß nicht, ob es da immer nur um Schönheit geht«, meint Milan.

Mittlerweile sind wir am Maximilianeum vorbeigefahren und nehmen die lang gezogene Kurve zum Max-Weber-Platz.

»Als ich studiert habe, gab es noch keine Studiengebühren«, sagt Milan. »Ist schon etwas her.«

»Was hast du denn studiert?«, frage ich.

»Luft- und Raumfahrttechnik.«

»Oh, krass. Wow.«

»Nein, warte, ich hab mich vertan«, sagt Milan. »Pädagogik.«

Ich schütte etwas Tee auf mir herum.

»Ich hätte es dir voll abgenommen«, sage ich. »Keine Ahnung, aber wenn man dich so anschaut ...«

»Dude, ich fahre ein Taxi«, sagt er. »Wenn ich Luftfahrtingenieur wäre, würde ich vermutlich andere Maschinen steuern. Obwohl die sich in ähnlicher Höhe bewegen wie deine Rechnung nachher.«

»Man muss sich auch mal was gönnen«, sage ich. »Außerdem sind die Studiengebühren pünktlich zu meinem Abschluss doch noch abgeschafft worden. Und das Geld will ja irgendwie ausgegeben werden.«

Milan hat den Wagen mittlerweile am Rosenheimer Platz und am Gasteig vorbei an die Isar gesteuert und fährt am Ufer entlang. Zwar noch auf der Straße, aber die Atmosphäre ist trotzdem schön.

»Hier habe ich letztes Jahr Silvester gefeiert«, sage ich. »Nur mit drei guten Freunden und dem Hund. Der war so begeistert von einem Stock, den er sich gesucht hatte, dass er ganz vergessen hat, sich vor dem Feuerwerk zu erschrecken.«

»Ich mag die Kirche hier. Sie erinnert mich an eine in Prag. Die sieht eigentlich ganz anders aus, aber irgendwas in der Beleuchtung oder der Bauweise sorgt für so ein Zuhause-Gefühl«, sagt Milan.

»Kommst du aus Prag?«, frage ich.

»Mein Vater kommt von dort. Ich bin zwar noch in Prag geboren, aber dann sind meine Eltern über Österreich nach Süddeutschland geflohen.«

»Die Großeltern meiner Ex-Freundin sind damals auch geflohen, etwas früher allerdings, im Krieg noch, aus Schlesien.«

»Deutschland ist voll von diesen Geschichten. Ich wünschte, ich könnte einige von ihnen aufschreiben. Was die Leute damals alles ausgehalten haben, um hierherzukommen, ist bewundernswert.«

Wir haben das Schlachthofviertel und die Theresienwiese hinter uns gelassen und fahren durchs Westend.

»Hier hatte ich meine erste Wohnung in München«, sage ich, »'ne WG mit 'nem guten Freund.«

»Dann kommst du auch nicht von hier?«

»Nein, ich komme aus einem Kaff im Allgäu. Nahe einer sehr kleinen Stadt im Allgäu. Eine von der Art, wo der alte Bahnhof in einen Park verwandelt wird und dann die Zeitung die Einwohner bittet, sich tolle Namen für den Park auszudenken, und die Stadtverwaltung anschließend die mehr oder weniger kreativen Vorschläge anschaut und beschließt, dass der neue Stadtpark in Zukunft den Namen ›Stadtpark‹ tragen soll.«

»Und warum bist du nach München gegangen?«

»Offiziell weil ich bei den weiter entfernten Unis die Einschreibefrist verpasst habe. Inoffiziell wahrscheinlich, weil ich nicht so weit von meiner Familie weg sein wollte. Ich war der Erste, der ausgezogen ist.«

»War ich damals auch«, sagt Milan. »Aber ich war auch Einzelkind.«

Wir nähern uns dem Leonrodplatz. Hier laufe ich oft entlang, wenn ich meine Schwester besuche. Es fühlt sich immer an wie eine Ewigkeit, bis man die Schwere-Reiter-Straße geschafft hat.

»Mein Vater hatte immer einen Wurst- und Wasservorrat im Keller«, sage ich plötzlich.

»Entschuldige, ich habe ›Wurst- und Wasservorrat‹ verstanden«, sagt Milan.

»Ja, das ist eine der beruhigendsten Erinnerungen an unser altes Haus. Die Wurst hat er immer eingefroren, falls mal eine wurstlose Zeit anbrechen sollte. Ich bin sicher, wir hätten vom Inhalt unserer Gefriertruhe unser Dorf mehrere Monate wursttechnisch über die Runden bringen können.«

»Entschuldige, ich habe ›wursttechnisch‹ verstanden«, sagt Milan.

»Der Hintergrund war«, sage ich, »dass mein Vater immer meine kleine Schwester von ihrer Ausbildung in der Nachbarstadt abholen wollte. Voll lieb eigentlich. Und damit es nicht aussah, als würde er sich extra deshalb ins Auto setzen, hat er einfach jeden Tag behauptet, dass er eh noch einkaufen muss, hat ein paar Flaschen Wasser und eine Packung Wurst gekauft und auf dem Rückweg, weil es sich halt gerade so traf, meine Schwester mitgenommen.«

»Mein Vater hat mir das Schachspielen beigebracht. Auf einem ganz alten Brett aus Kirschholz und nochwas. Das hatte er noch von seinem Vater, und es war eines der wenigen Dinge, die er auf der Flucht dabei hatte.«

»Spielst du noch?«, frage ich.

»Nur mit ihm. Es ist unsere einzige Verbindung. Ich glaube, er ist etwas enttäuscht von mir, dass ich Taxi fahre, keine Frau habe und all das. Er hat sich für seinen einzigen Sohn wohl etwas anderes gewünscht.«

»Luft- und Raumfahrttechnik«, sage ich.

»Vielleicht. Aber wenn wir Schach spielen, umgibt uns eine Ruhe. Königliches Spiel und so. Am Brett respektiert er mich, und manchmal, wenn ich gewinne, sehe ich ein Leuchten in seinen Augen, das er sonst selten hat.«

»Kennst du diese wunderbare deutsche Übersetzung von *Knight Rider?*«, frage ich. »Im Englischen sind ›chess‹, das Spiel, und ›check‹, die Situation, ja zwei unterschiedliche Wörter, aber als er in der deutschen Version den Bösewicht abgefertigt hat ...«

Milan schaut mich mit seinen tiefbraunen Augen an, und ich weiß nicht, ob ich in ihnen den Wunsch lesen kann, dass ich nicht weiterreden soll. Dann sagt er superheldenlangsam: »Wie sagt man so schön im Schach: Schach!«

Wir fahren fast Schritttempo durch die kleinen Straßen von Schwabing. Die Gegend zwischen Leopold- und Belgradstraße ist eine der schönsten dieser Stadt und meine liebste.

»Hier mal wohnen ...«, sage ich halblaut.

»Nach der Fahrt heute musst du wahrscheinlich noch zwei, drei Bücher verkaufen, um dir hier eine Wohnung leisten zu können«, sagt Milan.

»Neulich stand hier an der Bushalte des 144ers eine Frau in der Sonne und wand sich fürchterlich hin und her, als hätte sie Magenkrämpfe oder andere schlimme Schmerzen«, überhöre ich seinen Einwand. »Ich habe schon überlegt, wie ich helfen kann, doch als ich näher gekommen bin, stellte sich heraus, dass sie nur versucht hat, mit ihrem Körper einen Schatten herzustellen, um auf dem Display von ihrem Handy etwas zu erkennen.«

Milan lacht. »Ja, das dachte ich auch schon manchmal. Wenn man mal alle Handys unsichtbar machen könnte, einfach durchsichtig, wie lustig das aussehen würde! Wenn dann die Menschen mit Hand neben dem Ohr rumliefen oder mit dem Daumen in der Luft rumtippen oder, wenn sie in einen U-Bahn-

Wagen steigen, ständig Luft aus ihren Hosentaschen holen würden. – Findest du das nicht witzig?«

»Oh, entschuldige«, sage ich. »Doch, sorry, ich habe nur halb
zugehört. Ich habe vorhin ›von ihrem Handy‹ gesagt, im Dativ.
Man sollte meinen, ich müsse meine eigene Sprache eigentlich
beherrschen.«

»Was ist denn schon ›deine Sprache‹?«, fragt Milan. »Es war
vielleicht nicht das korrekteste Deutsch, aber eine Sprache wan-
delt sich ja auch. Und der Genitiv verschwindet nun mal immer
mehr. Ich glaube kaum, dass es 600 nach Christus ein vieldisku-
tiertes Pamphlet gab mit dem Titel: *Die zweite Lautverschiebung
ist den westgermanischen Dialekten ihr tôd.* Irgendwann gab es halt
nur noch Althochdeutsch, Ende, da muss man doch keine angst-
erfüllten Grabreden halten.«

Ich schlucke meine Ausführungen zum Bachelor-Master-System herunter. Dabei wollte ich ihm gerade erzählen, wie ich vor
einigen Wochen beinahe ein Seminar nicht besuchen konnte,
weil ich vergessen hatte, mich im Internet anzumelden. Also
im LSF schon, aber nicht bei LMU Teams. Der Dozent hat die
Teilnehmerliste aus dem LSF abgehakt und gemeint, jeder, der
noch nicht dem Online-Team des Seminars beigetreten sei, solle
sich einen LMU-Teams-Account anlegen und dann die Aufnah-
me in den Kurs beantragen. Er selbst müsse diese Anmeldung
dann noch freischalten, dann müsse ich noch mal bestätigen,
dass er mich freigeschaltet hat, danach müsse er den Erhalt meiner Bestätigung quittieren, woraufhin ich die Quittung ausdru-
cken und in mein Studienbuch kleben solle. Oder so ähnlich.
Irgendwann hat er mich verloren, und als dann noch das Wort
»e-Learning« aufgetaucht ist und eine optisch fünfzehnjährige
Seminarteilnehmerin den Dozenten gefragt hat, was man machen müsse, um die ganzen drei ECTS-Punkte zu bekommen,
die ein Seminar mit fünf Referaten, elf Essays und zwei Haus-
arbeiten dann doch wert ist, und ein anderer Typ, wo man denn

am besten Bücher kaufen könne, dachte ich, dass ich jetzt sofort aufstehen und den Raum verlassen muss.

Passend, dass Milan sein Auto gerade durch die kneipengesäumte Schellingstraße manövriert. An der Ecke zur Leopoldstraße stehen wir an der Ampel, und ich schaue auf den Backsteinbau links von mir und die Einschusslöcher in der Wand. Dahinter sehe ich, wie meine Ex-Freundin mich nach unserem ersten Kaffee mal im Gang des DaF-Instituts geparkt hat. Sie müsse noch schnell in den Computerraum und zur Buchausleihe, es dauere nicht lang. Ich war fasziniert von der Sicherheit, mit der sie durch diese riesigen Gänge und rissigen Wände geschwebt ist. Mir kam es damals vor, als könne man sich in diesem Gebäude niemals zurechtfinden. Wenn ich heute Bücher zurückbringen muss, wird mir bewusst, wie wenig ich damals von der Uni gesehen habe und wie groß mir dieses Wenige vorkam.

»Du bist so still«, sagt Milan. »Alles in Ordnung?«

»Ich glaube, hier habe ich mich mal verliebt«, sage ich.

»An der Uni? Das passiert ja einigen.«

»Ich vermisse sie.«

»Bist du deshalb den ganzen Abend mit mir durch die Stadt gefahren?«, fragt Milan.

»Es fühlt sich so leer an«, sage ich. »Es ist schon eine ganze Weile her, aber manchmal reißt es mich so gnadenlos zurück, dass ich nicht mehr klarkomme.«

»Was wärst du auch für ein Mensch, wenn dir jemand Wichtiges plötzlich egal wäre? Es sei denn, sie war scheiße zu dir. War sie scheiße zu dir?«

»Nein. Es passte einfach irgendwie nicht mehr, und mein Puls beschleunigt jetzt noch, und ich fühle Blut in meinen Kopf strömen und bekomme ein Gefühl im Magen wie auf dem höchsten Punkt einer Achterbahn, kurz bevor es runtergeht, wenn ich daran denke, dass wir beide zusammenbleiben wollten und es einfach nicht geschafft haben.«

»David Foster Wallace hat mal was über das Achterbahnfahren und diese ganzen Fahrgeschäfte geschrieben«, sagt Milan. »Der konnte das gar nicht haben und hatte Höhenangst und die ganze Palette und meinte dann: Nor, I have to say, do I understand why some people will pay money to be careened and suspended and dropped and whipped back and forth at high speeds and hung upside down until they vomit. It seems to me like paying to be in a traffic accident. Also, grob paraphrasiert.«

»Ja, so hat es sich angehört«, sage ich.

Milan grinst.

»Ich habe gestern Nachmittag eine SMS von einer unbekannten Nummer bekommen«, sage ich, »die wissen wollte, ob ich Lust hätte, etwas zu unternehmen. Beziehungsweise die davon ausgegangen ist, dass ich wohl nichts mit ihr unternehmen will. Durch den Tonfall dachte ich für einen Moment, dass die Nachricht von ihr sei und habe mich darauf vorbereitet, was ich sagen könnte, wie wir aufeinander reagieren, wie schön es wäre, sie mal wiederzusehen. Es war eigentlich nicht ihre Nummer, die kann ich immer noch auswendig, aber ich dachte, vielleicht schreibt sie undercover oder hat nach Jahren doch einen neuen Vertrag oder was weiß ich. Dann hat sich aufgeklärt, wer es war, und ich habe mich unglaublich scheiße gefühlt und kann seitdem an nichts anderes mehr denken als an sie, ich hatte den Abend schon im Kopf, hab sie neben mir auf den Treppen sitzen sehen, ihre Augen, die Grübchen. Warum passiert das immer noch? Warum geht es nicht irgendwann mal weg?«

Milan wird langsamer und hält schließlich ganz an. Ungünstigerweise stehen wir mitten auf der Leopoldstraße.

»Was machst du denn?«, frage ich. Hinter uns hupen die ersten Autos. Milan reicht mir einen Zettel.

»Du jammerst zu viel«, sagt er. »Deshalb werden wir jetzt gemeinsam ein Lied singen. Bam bam bam.«

Ich schaue auf den Text und muss lachen. Dann beginne ich,

mit leicht erhöhter Stimme und sehr sicher ziemlich falsch zu singen: »I feel pretty, oh so pretty. I feel pretty and witty and gaaaay.«

»Fahrts hoam, Buam!«, ruft uns jemand zu.

»And I pity any girl who isn't me today.«

»Lalalalalala lalaaa lala«, fällt Milan ein. Es klingt erstaunlich richtig. Ich werde etwas sicherer.

»I feel charming, oh so charming. It's alarming how charming I feel. And so pretty that I hardly can believe it's real.«

»Lalalalalala lalaaa lala.«

Ich atme durch.

»Besser?«, fragt Milan.

»Ja«, sage ich. »Danke.«

»Das mache ich immer, wenn einer meiner Fahrgäste übermäßig Stress macht«, sagt er. »Meeting hier, Flug da. Hab ich mal in 'nem Film gesehen. Aber so schön wie du hat bisher kaum jemand reagiert.«

»Es war mir eine Freude«, sage ich.

Milan grinst. »Das ist immer die komischste Stelle«, sagt er. »Eigentlich müsste jetzt eine Kamera ganz langsam von uns weg zoomen, aber das klappt nie, und dann gibt's jedes Mal so eine peinliche Stille. Andererseits bin ich auch nicht Jack Nicholson.«

»I feel stunning and entrancing, feel like running and dancing for jooooy!«, singe ich sehr falsch, und Milan fährt wieder an.

Doch nur wenige Minuten später hält er erneut, denn wir sind an der Ecke Potsdamer Straße. Es kommt mir ein bisschen surreal vor, dass ich das Taxi gleich ernsthaft verlassen soll. Dann lässt sich eine weitere Frage nicht mehr verdrängen, und ich frage mich, ob man wohl ein handsigniertes Buch für 314,50 Euro bei Ebay verkaufen könnte. Also, ein handsigniertes Buch von mir. Ich bezweifle es.

»Vielen Dank für die Fahrt«, sagt Milan, und es kommt mir etwas seltsam vor, weil doch eigentlich ich so etwas sagen müsste.

»Bitte«, sage ich dennoch großzügig. »Sehr gerne.«

»Im Ernst, das war eine wunderbare Abwechslung zu meinen sonstigen Touren«, sagt er und sieht aus, als würde er es so meinen.

Ich greife in meine Hosentasche und hole den schwarzen Springer aus Marmor hervor, der zu einem marokkanischen Schachbrett gehört hat, von dem die meisten Teile mittlerweile nicht mehr existieren, und der in den letzten Jahren mein Glücksbringer war.

»Hier«, sage ich, weil ich nicht weiß, was ich sonst sagen soll.

»Danke«, sagt Milan, als wüsste er, was an der Figur hängt und warum ich sie ihm in einem Münchner Taxi hingehalten habe.

»Danke *dir*«, sage ich und wüsste auf einen Schlag sehr viele Sätze, die ich stattdessen hätte sagen können. Zum Beispiel, dass ich nach dieser Fahrt keine Sorgen mehr habe, was ich später mal mit meinem Studium machen kann.

»Die werde ich aber kaum für 314,50 Euro bei Ebay verkaufen können«, sagt Milan und deutet augenzwinkernd zuerst auf die Figur und dann auf das Taxameter.

»Hier«, sage ich deshalb noch mal und drücke ihm nun meinen gesamten Vorschuss für das Buch in die Hand. Es reicht gerade so.

»Danke«, sagt Milan wieder. Dann reicht er mir die Hand. »Mach's gut, und grüß deinen Hund von mir.«

Ich steige aus, meine Beine fühlen sich schwammig an, und ich muss mich erst einmal wieder ans Stehen gewöhnen. Dann laufe ich langsam in Richtung meiner Haustüre. Als ich den Schlüssel ins Schloss stecke, höre ich eine Gruppe junger Männer nach einem Taxi rufen.

YOU NEVER CAN TELL

I think prime numbers are like life. They are very logical but you could never work out the rules, even if you spent all your time thinking about them.

(Mark Haddon, *The Curious Incident of the Dog in the Night-Time*)

Ich sitze im einzigen Seminarraum des Instituts für Nordische Philologie. Neben mir ein Sportreporter, ein Arzt und meine ehemalige Dozentin. Vor mir ein paar Dutzend Bachelorstudenten.

»Schön, dass ihr alle da seid«, sagt meine ehemalige Dozentin. »Willkommen zu unserer Reihe ›... und was kann man damit später mal machen?‹. Wir haben uns heute drei Ehemalige eingeladen, die euch erzählen werden, was sie nach der Unizeit mit ihrem Skandinavistik-Abschluss gemacht haben und wie ihnen das Studium in ihrem heutigen Beruf geholfen hat.«

»Ach so«, sage ich.

»Wir fangen am besten mit dem Herrn ganz außen an«, sagt meine ehemalige Dozentin. »Er hat vor acht Jahren seinen Abschluss gemacht und ist jetzt Sportreporter. Vielleicht erzählst du ein bisschen was von dir.«

»Ich bin jetzt Sportreporter«, sagt der Sportreporter.

»Und wie bist du darauf gekommen?«, fragt meine ehemalige Dozentin.

»Ich habe mich schon immer für Sport interessiert. Deshalb

habe ich nach dem Studium noch ein Volontariat beim BR ge-macht.«

»Wie kommt es, dass ich von Ihnen noch nie was gehört habe?«, fragt eine Studentin.

»Vielleicht bist du zu jung, um zu wissen, was ein Radio ist«, antwortet der Reporter. Ich mag ihn.

»Ihr seht«, sagt meine ehemalige Dozentin, »dass man in ganz verschiedenen Berufen landen kann. Man muss sich nur begeistern.«

»Haben Sie auf Bachelor studiert?«, fragt ein Typ mit Wikin-gerhelm.

»Nein, das gab's damals noch nicht. Habe ich da etwas ver-passt?«

»Sie haben ja keine Ahnung.«

»Und hast du heute noch was mit Skandinavistik zu tun?«, fragt meine ehemalige Dozentin.

»Nein«, sagt der Sportreporter. »Eigentlich nicht.«

»Aber das Studium hat dir schon geholfen auf deinem wei-teren Werdegang, oder?«, fragt sie und rollt auffällig unauffällig mit den Augen.

»Ja«, sagt der Sportreporter, »total. Es ist einfach eine schöne Sache, so ein Studium im Rücken zu haben. Und ich bin immer der Einzige, der bei Skirennen die Namen der schwedischen Athleten richtig ausspricht.«

»Danke«, sagt meine ehemalige Dozentin. »Dann machen wir weiter mit dem Arzt. Er hat in den Neunzigern bei uns stu-diert und ist jetzt Onkologe. Vielleicht erzählst du ein bisschen was von dir.«

»Ich bin jetzt Onkologe«, sagt der Arzt.

»Und wie bist du darauf gekommen?«, fragt meine ehemalige Dozentin.

»Ich habe mich schon immer für Krebs interessiert. Deshalb habe ich parallel zu diesem Studium noch Medizin studiert.«

Keiner traut sich zu fragen, warum er noch nie was von ihm gehört hat.

»Ihr seht«, sagt meine ehemalige Dozentin, »dass man in ganz verschiedenen Berufen landen kann. Man muss sich nur begeistern.«

»Haben Sie eigentlich mit NC studiert?«, fragt eine Studentin.

»Nein, das gab's damals noch nicht. Habe ich da etwas verpasst?«

»Sie haben ja keine Ahnung.«

»Und hast du heute noch was mit Skandinavistik zu tun?«, fragt meine ehemalige Dozentin.

»Nein«, sagt der Onkologe. »Eigentlich nicht.«

»Aber das Studium hat dir schon geholfen auf deinem weiteren Werdegang, oder?«, fragt sie und rollt auffällig unauffällig mit den Augen.

»Ja«, sagt der Onkologe, »total. Es ist einfach eine schöne Sache, als Arzt noch ein geisteswissenschaftliches Studium im Rücken zu haben. Außerdem habe ich viele Jahre in Norwegen gearbeitet, da haben medizinische Berufe noch mal einen ganz anderen Stellenwert.«

»Damit kommen wir zu Alex«, sagt meine ehemalige Dozentin. »Er war einer der letzten Magisterstudenten und ist jetzt Schriftsteller.«

»Ach so«, sage ich.

»Schriftsteller?«, meldet sich ein Student mit spöttischer Stimme. »Sie sehen aus, als wären Sie noch keine siebzehn!«

»Sebastian!«, sagt meine ehemalige Dozentin streng.

»Ist schon okay«, sage ich selig lächelnd, »ich weiß nicht, wann mich das letzte Mal jemand jünger geschätzt hat, als ich bin.«

»Kein Wunder bei Ihren Haaren«, wirft eine Studentin ein.

»›C'est la vie, say the old folks‹«, zitiere ich Chuck Berry. »Oder wie Rudi Völler einst so schön sagte: ›Was meine Frisur angeht, da bin ich Realist.‹«

»Wie kommt es, dass ich von Ihnen noch nie was gehört habe?«, fragt eine andere Studentin.

»»Eigentlich wollte ich heute nichts trinken‹, sagt die junge Frau«, sage ich, »und stützt sich mit einer Hand an ihrer Freundin ab, während die andere die sehr lange Schnur eines Marienkäferluftballons sehr fest hält, fast als hätte sie Angst, er könne es den guten Vorsätzen ihrer Besitzerin gleichtun und unauffällig in die dunkle Nacht verschwinden.«

»Wow«, sagt die Studentin.

»Das wäre der perfekte erste Satz für eine Erzählung«, sagt der Sportreporter.

Da klingelt mein Handy. »Könntest du bitte nicht jede Geschichte am Ende noch mal aufrollen?«, fragt mein Verleger. »Sonst wirkt der Abschluss ein bisschen zu artifiziell. Und das ist schon bei den Titeln ein Problem.«

»Bogen is' Bogen«, sage ich und lege auf. Dann wende ich mich wieder den Studenten zu.

»Ich bin jetzt also Schriftsteller. Doch das ging nicht von heute auf morgen, so etwas braucht seine Zeit. Wisst ihr, als ich angefangen habe, wusste ich nichts über das Studium. Ich hatte keine Ahnung, was da auf mich zukommt, und hatte auch nicht das Gefühl, besonders gut vorbereitet zu sein. Es war immer klar, dass ich studieren werde, aber um ehrlich zu sein, weiß ich bis heute nicht, warum es ausgerechnet Skandinavistik geworden ist.«

Aus irgendeinem Grund hören mir die meisten im Raum zu. Ich ignoriere das Vibrieren meines Handys. Das ist schade, denn sonst hätte ich die SMS meines Verlegers gelesen, in der er mich anfleht, das Ende nicht allzu pathetisch zu gestalten, es solle doch ein vorwiegend lustiges Buch werden.

»Dass Literaturwissenschaft sehr viel Spaß machen kann, habe ich zwei Semester vor meinem Abschluss gelernt. Davor war ich ungefähr elfmal kurz davor abzubrechen, habe sämtliche Prüfungen gerade so bestanden, und während dieser kompletten Zeit hatte das Studium für mich immer einen sehr geringen Stellenwert. Es ist viel zu viel passiert in meinem Leben, es gab viel zu viele wichtigere Sachen nebenher.«

»Wir sind Bachelorstudenten, Mann!«, sagen sämtliche Bachelorstudenten im Raum in verschiedenen, aufeinander abgestimmten Tonlagen. »Bei uns passiert nichts nebenher.«

»Well, here's the inside scoop there, noobies«, sage ich und ziehe den Arztkittel des Onkologen an: »Ihr studiert an einem Institut, an dem sich die Dozenten den Arsch aufreißen, um euch ein schönes Studium zu ermöglichen. Jedem ist klar, dass ihr Bachelorstudenten seid, aber das hält hier niemanden davon ab, für euch da zu sein. Glaubt mir, wenn ihr es zulasst, werdet ihr hier sehr viel über euch lernen. Und sollte mich jemals jemand fragen, ob ich heute noch was mit Skandinavistik zu tun habe« – meine ehemalige Dozentin rollt auffällig unauffällig mit den Augen – »werde ich antworten: ›Es war räusper Semester lang ein Teil meines Lebens. Ich werde in meinem Herzen immer etwas mit Skandinavistik zu tun haben!‹«

»Das ist doch ein schönes Schlusswort«, sagt meine ehemalige Dozentin erleichtert, während ich nachschaue, was mein Handy vorhin von mir wollte. »Will noch irgendjemand was sagen?«

Alle im Raum blicken konzentriert auf den Boden. Das ist schade, denn so bekommen sie gar nicht mit, wie elegant ich auf den Tisch klettere, der vor mir steht.

»Und eigentlich bin ich ja viel zu jung, um solche tiefschürfenden Lebensweisheiten vom Stapel zu lassen«, hebe ich an. Mein Arztkittel weht im Wind. Vor meinem inneren Auge sehe ich meinen Verleger mit einer Flasche Grappa kopfschüttelnd über dem Manuskript sitzen. Aber jetzt ist es sowieso zu spät. »Auf der anderen Seite fallen mir echt schon gut die Haare aus, deshalb and to sum it up: In den Geisteswissenschaften und im

Leben allgemein – ich habe wirklich sehr wenige Haare übrig! – kommt es meiner Meinung nach nicht darauf an, was man später mal damit machen kann, sondern was man währenddessen daraus macht.«

»Wow«, sagt eine Studentin.

»Das wäre der perfekte letzte Satz für eine Erzählung«, sagt der Arzt.

Dann brechen alle in schallendes Gelächter aus.

»Hallo?«, sage ich. »Was soll denn das jetzt?«

»Das vorher war ja irgendwie noch süß«, sagt meine ehemalige Dozentin. »Aber das ist einfach zu viel.«

»Findest du das irgendwie deep?«, fragt ein Student.

»Ähm«, sage ich. Ich hätte wirklich das Rhetorikseminar besuchen sollen, für das ich damals diese Werbung in der U-Bahn gesehen habe.

»Ein gutes Buch beantwortet keine Fragen«, sagt ein anderer.

»Es soll ja auch ein *lustiges* Buch werden«, sage ich. »Und außerdem kann ich so viele Fragen beantworten, wie ich will!«

»Okay, dann ohne triefende, philosophische Ergüsse«, fragt eine Studentin: »Was kann man damit später mal machen?«

Ich gehe nasenspitzennah zu ihr heran und flüstere schwach, aber laut genug, damit es jeder hören kann: »Ich sag dir, was man damit später mal machen kann.«

Ich schlucke.

Dann verlasse ich den Raum.

Was weiter wird, weiß ich nicht.

(Bertolt Brecht, *Gedichte für Städtebewohner*)

LITERATUR

Die Seitenzahlen hinter manchen Werken verweisen auf die Originalseite der vor den Texten verwendeten Zitate. (Die Rechtschreibung der abgedruckten Zitate wurde an die neue deutsche Rechtschreibung angeglichen.)

Bernhard, Thomas. 1988 [1979]. Jauregg. In: *Erzählungen*. Ders. S. 43-55. Frankfurt a.M.: Suhrkamp Taschenbuch. (S. 53)

Böll, Heinrich. 1987 [1957]. *Irisches Tagebuch*. München: Deutscher Taschenbuch-Verlag. (S. 64)

Borchert, Wolfgang. 1967. Der Stiftzahn oder Warum mein Vetter keine Rahmbonbon mehr isst. In: *Wolfgang Borchert: Die traurigen Geranien: und andere Geschichten aus dem Nachlaß*. Peter Rühmkorff, Hg. S.27-33. Reinbek bei Hamburg: Rowohlt Taschenbuch Verlag. (S. 33)

Brecht, Bertolt. 1980. *Gedichte für Städtebewohner*. Frankfurt a.M.: Suhrkamp Taschenbuch. (S. 53, 75)

Burkhard, Alexander. 2013. Die Bedeutung des Wetters in Hamsuns *Pan* und Strindbergs *I havsbandet*. Magisterarbeit. Ludwig-Maximilians-Universität München.

Calvino, Italo. 1984 [1957]. *Der Baron auf den Bäumen*. München und Wien: Carl Hanser Verlag. (S. 105)

Camus, Albert. 1985 [1971]. *Der glückliche Tod*. Reinbek bei Hamburg: Rowohlt Taschenbuch Verlag.

Goethe, Johann Wolfgang von. 2005 [1808]. Faust I. In: *Goethe: Neudruck nach der Weimarer Ausgabe*. Studienkreis, Hg. S. 293-530. Bochum: Studienkreis. (S. 347)

Haddon, Mark. 2004. *The Curious Incident of the Dog in the Night-Time*. London: Random House Vintage. (S. 15)

Hamsun, Knut. 1996 [1894]. *Pan: Aus Lieutenant Thomas Glahns Papieren*. München: Deutscher Taschenbuch-Verlag. (S. 107)

Heitmann, Annegret. 2006. Die Moderne im Durchbruch (1870–1910). In: *Skandinavische Literaturgeschichte*. Jürg Glauser, Hg. S. 183-229. Stuttgart und Weimar: Verlag J. B. Metzler.

Ibsen, Henrik. 2009 [1891]. *Nora oder Ein Puppenheim, Hedda Gabler: Dramen*. Frankfurt a.M.: Fischer Taschenbuch Verlag. (S. 195)

Kästner, Erich. 1988 [1929]. *Lärm im Spiegel*. München: Deutscher Taschenbuch-Verlag. (S. 15)

Keidel, Volker. 2013. *Bierquälerei*. Köln: Bastei Lübbe. (S. 185)

Kemmler, Sven. 2010. *Und was wirst du, wenn ich groß bin?* München: Wilhelm Heyne Verlag. (S. 246)

Kling, Marc-Uwe. 2009. *Die Känguru-Chroniken*. Berlin: Ullstein. (S. 75)

Krausser, Helmut. 2007 [1992]. *Fette Welt*. Reinbek bei Hamburg: Rowohlt Taschenbuch Verlag. (S. 113)

Lehmann, Sebastian. 2011. *Sebastian. Oder: Das Leben ist nur ein Schluck aus der Flasche der Geschichte*. Berlin: Satyr.

Lindgren, Astrid. 2008 [1973]. *Bröderna Lejonhjärta*. Stockholm: Rabén & Sjögren Bokförlag.

Marković, Dalibor. 2011. *Bühnenstücke: Band 1*. Frankfurt a.M.: Warrington. (S. 39)

Moers, Walter. 2006. *Die Stadt der träumenden Bücher*. München: Piper Verlag. (S. 9)

Nabokov, Vladimir. 1989 [1957]. *Pnin*. New York: Random House Inc. (S. 184.)

Opela, Désirée. 2012. *Koordinaten*. Leipzig: Textkontor. (S. 17)

Ruppert, Marvin. 2014 [2013]. *Ich mag Regen: Traurige Liebesgeschichten aus meinem Leben*. Berlin: Satyr. (S. 39) de Saint-Exupéry, Antoine. 1998 [1950]. *Der kleine Prinz*. Düsseldorf: Karl Rauch Verlag.

—. 1999 [1946]. *Le petit prince*. Paris: Editions Gallimard Jeunesse.

Sartre, Jean Paul. 1968. *Die Wörter*. Reinbek bei Hamburg: Rowohlt Taschenbuch Verlag. (S. 37)

Spada, Luc. 2013. *Abführung der lebenswichtigen Mittelmäßigkeit*. Luxemburg: Editions Guy Binsfeld. (S. 118)

Storz, Sacha. o.J. Die ganz große Geschichte. In: *Westend ist Kiez*. Felix Bonke et al., Hg. S. 35-39. München: o.V. (S. 36)

Süskind, Patrick. 1994. *Die Geschichte von Herrn Sommer*. Zürich: Diogenes Verlag. (S. 112)

Thrastardóttir, Sigubjörg. 2011. *Fackelzüge: Ein Liebeslied*. Berlin: Blumenbar Verlag. (S. 40)

Turgenjew, Iwan. o.J. *Erste Liebe*. München: Wilhelm Goldmann Verlag. (S. 11)

Wallace, David Foster. 1998. *A Supposedly Fun Thing I'll Never Do Again*. New York: Little, Brown and Company.

—. 2005. Some Remarks on Kafka's Funniness from Which Probably Not Enough Has Been Removed. In: *Consider the Lobster: and Other Essays*. Ders. S. 60-65. London: Abacus. (S. 64f.)

Walser, Martin. 1997 [1955]. *Ein Flugzeug über dem Haus: und andere Geschichten*. Frankfurt a.M.: Suhrkamp Taschenbuch. (S. 14)

Wilpert, Gero von. [8]2001. *Sachwörterbuch der Literatur*. Stuttgart: Alfred Kröner Verlag.

ERKLÄRUNG

Hiermit versichere ich, dass ich das vorliegende Manuskript nahezu selbstständig und ohne fremde Hilfe angefertigt, beinahe alle benutzten Quellen und Hilfsmittel angegeben und Zitate oftmals als solche kenntlich gemacht habe.

Ich versichere ferner, dass ich das Manuskript weder für eine Veröffentlichung bei einem weiteren Verlag noch für eine staatliche Prüfung eingereicht habe.

München, den 30.09.2013

Alex Burkhard